KÖNIGS ERLÄUTERUNGEN

Band 43

Textanalyse und Interpretation zu

Johann Wolfgang von Goethe

FAUST II

Rüdiger Bernhardt

Alle erforderlichen Infos für Abitur, Matura, Klausur und Referat
plus Musteraufgaben mit Lösungsansätzen

Bange Verlag

Zitierte Ausgaben:
Johann Wolfgang von Goethe: *Faust. Der Tragödie zweiter Teil.* Husum: Hamburger Lesehefte, 2010 (Hamburger Lesehefte, Bd. 170)
Johann Wolfgang Goethe: *Faust. Der Tragödie zweiter Teil.* Stuttgart: Reclam, durchgesehene Ausgabe 2001 (RUB Nr. 2)
(Nach diesen Ausgaben wird durch nachgestellte Versangabe zitiert.)

Über den Autor dieser Erläuterung:
Prof. Dr. sc. phil. Rüdiger Bernhardt lehrte neuere und neueste deutsche sowie skandinavische Literatur an Universitäten des In- und Auslandes. Er veröffentlichte u. a. Studien zur Literaturgeschichte und zur Antikerezeption, Monografien zu Henrik Ibsen, Gerhart Hauptmann, August Strindberg und Peter Hille, gab die Werke Ibsens, Peter Hilles, Hermann Conradis und anderer sowie zahlreiche Schulbücher heraus. Von 1994 bis 2008 war er Vorsitzender der Gerhart-Hauptmann-Stiftung Kloster auf Hiddensee. 1999 wurde er in die Leibniz-Sozietät gewählt.

Hinweis:
Die Rechtschreibung wurde der amtlichen Neuregelung angepasst.

1. Auflage 2012
ISBN 978-3-8044-1983-4
PDF: 978-3-8044-5983-0, EPUB: 978-3-8044-6983-9

Titelfoto: Will Quadflieg und Antje Weissgerber als Faust und Helena, Deutsches Schauspielhaus Hamburg 1958 © ullstein bild

Druck und Weiterverarbeitung: Tiskárna Akcent

1. DAS WICHTIGSTE AUF EINEN BLICK – SCHNELLÜBERSICHT

Damit sich jeder Leser in diesem Band sofort zurechtfindet und das für ihn Interessante entdeckt, folgt eine Übersicht.

Im 2. Kapitel wird **Johann Wolfgang von Goethes Leben** beschrieben und auf den **zeitgeschichtlichen Hintergrund** verwiesen:

⇨ S. 11 ff.
→ Goethe lebte von **1749 bis 1832** vorwiegend in Weimar, der Hauptstadt des kleinen Herzogtums (seit 1815 Großherzogtums) Sachsen-Weimar-Eisenach. Er hatte Beziehungen zu zahlreichen führenden Künstlern und Wissenschaftlern.

⇨ S. 15 ff.
→ Goethe brachte 1775 Textentwürfe zum *Faust* nach Weimar mit. Es war der Vorabend der Französischen Revolution von 1789. Die Arbeit am *Faust* reichte über die napoleonische Herrschaft, den Wiener Kongress 1815 bis zur Julirevolution 1830.

⇨ S. 18 ff.
→ Wesentliche gesellschaftliche Inhalte der Zeit waren mehrere Revolutionen, die Entstehung bürgerlicher sozialer Verhältnisse, das Gleichheitsprinzip und bürgerlicher Besitz- und Machtanspruch.

⇨ S. 21 ff.
→ *Faust II* wurde zur Auseinandersetzung mit der Romantik.

Im 3. Kapitel findet der Leser eine **Textanalyse und -interpretation**.

Faust II – Entstehung und Quellen:

⇨ S. 28 ff.
Der historische Faust, ein Zeitgenosse Luthers, gehört zu den interessantesten Gestalten der europäischen Kulturgeschichte und steht am Beginn der Moderne. Während der Arbeit am I. Teil, abgeschlossen 1806, war ein Schema der gesamten Dichtung entstanden. Die entscheidende Arbeit an *Faust II* fand von 1825 bis 1831 statt und be-

zog aktuelle historische und literarhistorische Vorgänge ein. Faust lernt im II. Teil die große Welt, die Antike und die kapitalistische Wirtschaftsstruktur kennen, genießt Schönheit und die Welt des höfischen Glanzes.

Inhalt:

Faust kommt nach der Flucht mit Mephisto aus Gretchens Kerker in die große Welt der Kaiserlichen Pfalz. Er lernt höfisches Treiben, darunter auch ein Maskenfest, kennen. Der Kaiser will Helena sehen, die Faust von den „Müttern" – sie herrschen im Reich der ewigen reinen Formen – holt. Die körperlich sichtbare Helena übertrifft Faust Erwartungen; beim Versuch, den gespielten Raub zu verhindern, wird er ohnmächtig und von Mephisto in seine alte Studierstube zurückgebracht. Dort hat inzwischen Wagner die Stelle Fausts eingenommen und schafft einen künstlichen Menschen, den Homunkulus. Der rät, um Faust zu heilen, müsse er in der klassischen Walpurgisnacht zu antiker Kunst und Schönheit gebracht werden.

⇨ S. 35 ff.

Helena ist ins Königreich ihres Mannes Menelaos, nach Sparta, zurückgekehrt. Mephisto überwindet Zeit und Raum, führt Faust und Helena auf einer mittelalterlichen Burg zueinander und vereint die Antike mit dem Mittelalter. Faust und Helena bekommen einen Sohn, Euphorion, der in übermäßige Höhe strebt und tot zu Boden stürzt. Helena kehrt in die Unterwelt zurück, Faust flieht in seine Heimat.

Faust stellt sich auf die bürgerliche bzw. frühkapitalistische Entwicklung ein. Mephisto führt ihn in den Krieg. Der Kaiser siegt mit ihrer Hilfe, ordnet seinen Staat neu und verleiht Faust für seine Entwürfe und Ideen des Reiches Strand. Fausts Land entsteht. Seine Kolonisationsbestrebungen fordern Opfer. Die Sorge lässt ihn erblinden. Was er nun beim Entwurf einer Zukunftsvision für Spatengeklirr beim Trockenlegen der Sümpfe hält, ist das Ausheben seines Grabes. Mephisto hat die Wette gewonnen, aber auch verloren. Faust wird gerettet, steigt in den Himmel auf, wo er durch Gretchen geleitet wird.

Chronologie und Schauplätze:

Die Szenen spielen am Beginn der Neuzeit, etwa zur Regierungszeit Kaiser Maximilians I. (1493–1519), reichen aber bis in die Zeit des Trojanischen Krieges (12. Jahrhundert v. d. Z.) zurück; der historische Faust hat zwischen 1480 und 1540 gelebt. Damit umfassen *Faust II*, aber auch der 3. Akt „gerade dreitausend Jahre" (BA 8, 693). Schauplätze sind neben dem Kaiserhof Fausts gotische Studierstube aus dem ersten Teil, die pharsalischen Felder in Thessalien und das Sparta des Menelaos, eine mittelalterliche Burg, ein Hochgebirge, ein Schlachtfeld und eine offene Gegend am Meer, die sich in den Himmel, „zu Höhen / Der ewigen Reiche" (V. 12032 f.) öffnet.

Aufbau:

⇨ S. 48 ff.

→ formale Fünfaktigkeit, die nicht zu einer aristotelischen Gliederung führt
→ aufwändige Stationenfolge, die Faust mit wesentlichen Bereichen des Lebens wie Finanzwirtschaft, Wissenschaft, Kunst, Kriegstechnik bekannt macht und ihn mit Möglichkeiten der Vergangenheit und der beginnenden Moderne konfrontiert
→ Ausnahme: 3. Akt, der eine Funktion im Gesamtablauf erfüllt, aber auch eine aristotelische Struktur hat.

Personen:

⇨ S. 58 ff.

Die Hauptpersonen sind

Faust:
- → alt,
- → in der Neuzeit angekommen,
- → kein Gelehrter mehr, sondern Eigentümer,
- → erblindet am Ende.

Mephistopheles:
- → zeitweise der Hässlichste (Phorkyas),
- → Verwandlungen: Narr, die Doppelfigur Zoilo-Thersites, der Geiz (der Abgemagerte) usw.

Wagner:
- → ein moderner, berühmter, aber gefühlloser Wissenschaftler,
- → mit Hilfe des menschlichen Verstandes in die Geheimnisse der Natur eingedrungen.

Kaiser:
- → junger Kaiser des Heiligen Römischen Reiches Deutscher Nation,
- → hat sein Land in Anarchie versinken lassen.

Knabe Lenker/Euphorion:
- → die personifizierte Poesie,
- → Attribut „die goldne Leier" als Zeichen der Poesie,
- → ausgestattet mit Zügen des englischen Dichters Lord Byron.

Homunkulus:
- → künstlich geschaffener Mensch,
- → geht in der Natur auf,
- → mutet orgastisch an.

Helena:

→ die schönste Frau aller Zeiten,
→ Fausts Sehnsucht auf sie gerichtet,
→ vollendete natürliche Schönheit und kulturelle Vollendung.

➪ S. 118 ff.

Stil und Sprache im *Faust II:*

→ *Faust II* ist in vielgestaltigen Versen geschrieben.
→ bewusst vorgenommener Wechsel der Verse
→ Manche Verse weisen auf die Vorbilder hin, wie die Terzinen auf Dante.
→ Vers, Wort und Inhalt gehen eine unauflösbare Einheit ein.
→ hoher Anteil antik mythologischer Begriffe und Namen

➪ S. 123 ff.

Interpretationsansätze:

→ die historische und ökonomische Analyse
→ der Umgang mit der Romantik und mit der Antike
→ Dichtungstraditionen im 3. Akt
→ Mephistos Doppeldeutigkeiten als Ausdruck des modernen Denkens
→ das Verständnis der *Klassischen Walpurgisnacht*, das Erdbeben als Revolutionssymbol
→ Fausts Erlösung, Christentum und Liebe

➪ S. 136 ff.

Rezeptionsgeschichte:

→ Reaktionen auf die *Helena*-Dichtung (1827)
→ Schwierigkeiten und ausbleibende Popularität
→ Kürzungen, Bearbeitungen und Parodien im 19. Jahrhundert
→ *Faust II*-Deutungen und Gestaltungen über fast 200 Jahre
→ die Inszenierung und *Faust*-Konferenz 2006 am *Deutschen Theater*

2. GOETHE: LEBEN UND WERK

2.1 Biografie

Johann Wolfgang von Goethe 1749–1832 © ullstein bild

JAHR	ORT	EREIGNIS	ALTER
1749	Frankfurt a. M.	28. August: Johann Wolfgang Goethe wird als Sohn des Kaiserlichen Rates Dr. jur. Johann Kaspar Goethe und Katharina Elisabeth, geb. Textor, geboren. Die Familie ist wohlhabend; der Reichtum stammt vom Großvater.	
1765	Leipzig	Goethe studiert die Rechte, hört aber auch Vorlesungen zur Literatur.	16
1770	Straßburg	Er setzt sein Rechtsstudium fort und schließt es als Lizentiat der Rechte ab. Er lernt Herder und Dichter des Sturm und Drang kennen und durch sie Pindar, Homer, Shakespeare, Ossian, Hamann und die Volkspoesie.	21
	Sesenheim	Er verliebt sich in die Pfarrerstochter von Sesenheim Friederike Brion. Mai–Juni: in Sesenheim. 7. August 1771: ohne Erklärung Abschied.	21
1771	Frankfurt a. M.	14. Oktober: Goethe hält seine berühmte Rede *Zum Schäkespears Tag*. Prozess gegen die Kindesmörderin Susanna Margaretha Brandt.	22
1772	Wetzlar	Praktikant am Reichskammergericht; verliebt sich in Charlotte Buff. Selbstmord des Studienkollegen Jerusalem.	23
1774	Frankfurt a. M.	Knebel vermittelt die Bekanntschaft mit dem Erbprinzen Karl August von Sachsen-Weimar und Eisenach.	25

JAHR	ORT	EREIGNIS	ALTER
1775	Frankfurt a. M.	Liebe und Verlobung mit Lili Schönemann	26
	Schweiz	Erste Reise in die Schweiz. Am 30.10. Abreise nach Weimar, nachdem Karl August die Regierung angetreten hat.	
	Weimar	Ankunft am 7.11.	
1776	Weimar	Geheimer Legationsrat mit Sitz und Stimme im Geheimen Conseil, tritt am 25. Juni in den Staatsdienst. Liebe zu Charlotte von Stein	26
1777	Harz	Erste Harzreise, der 1783 bis 1789 weitere folgen. Nachklang im *Faust:* Walpurgisnacht und Klassische Walpurgisnacht.	28
1779	Weimar	Weitere Aufgaben u. a. Kriegskommission, Goethe wird zum Geheimen Rat ernannt.	30
	Schweiz	Zweite Reise	
1782	Weimar	Er wird geadelt. Goethes Vater stirbt.	33
1784	Weimar	Goethe entdeckt den Zwischenkieferknochen beim Menschen.	35
1786	Karlsbad	Sommer in Karlsbad. Heimlich flieht er von dort nach Italien.	37
	Italien	29. Oktober: Ankunft in Rom. Italienische Reise.	
1788	Weimar	Rückkehr, liebt Christiane Vulpius und lebt mit ihr zum Entsetzen des Weimarer Adels zusammen.	39
1789	Weimar	Sohn August geboren, stirbt 1830 in Rom und wird dort an der Pyramide des Cestius, wo auch Shelley (1792–1822) liegt, beerdigt.	40
1790	Italien	März–Juni: zweite Italienreise. In Begleitung Karl Augusts nach Schlesien	41
1791	Weimar	Bis 1817 Direktor des Hoftheaters	42

JAHR	ORT	EREIGNIS	ALTER
1792–1793	Frankreich	Feldzug, Teilnahme an der Belagerung von Mainz	43
1794	Weimar, Jena	Beginn der Freundschaft und des Briefwechsels mit Schiller. Schiller siedelt im Dezember 1799 nach Weimar über.	45
1797	Schweiz	Dritte Reise	48
1803	Weimar	Friedrich Wilhelm Riemer wird Hauslehrer von Goethes Sohn und Goethes Sekretär; heiratet 1814 Christianes Gesellschafterin Caroline Ulrich, die seit 1809 in Goethes Haus wohnt und die der Dichter liebt.	53
1805	Weimar	9. Mai: Tod Schillers. Freundschaft mit Zelter	55
1806	Jena	Schlacht bei Jena und Auerstädt: Das Heilige Römische Reich Deutscher Nation geht unter; die preußisch-sächsische Armee wird geschlagen. Die Franzosen plündern Weimar, Goethes Haus bleibt dank des Einsatzes von Christiane verschont. Am 19. Oktober lässt sich Goethe mit Christiane trauen.	57
1807	Weimar	Liebe zu Minna Herzlieb	58
1808		*Faust. Der Tragödie erster Teil* erscheint. Erste Ideen zu *Der Tragödie zweiter Teil*.	59
1814/15	Rhein und Main	Reisen. Liebe zu Marianne von Willemer	65
1816	Weimar	6. Juni: Tod Christianes	66
1816	Weimar	16. Dezember: Diktat einer **Inhaltsskizze von *Faust. Zweiter Teil*** für das 18. Buch von *Dichtung und Wahrheit*. Die Skizze wurde nicht aufgenommen.	67
1818	Weimar	Lektüre von Marlowes *Doctor Faustus*	69

JAHR	ORT	EREIGNIS	ALTER
1823	Weimar	Eckermann besucht Goethe. Er wird Mitarbeiter und Nachfolger Riemers. Letzte Reise nach Marienbad und Eger. Verliebt sich in Ulrike von Levetzow, Heiratsabsicht scheitert.	74
1825	Weimar	Intensive Arbeit am *Faust II*	76
1826	**Weimar**	**11. Februar: Goethe bezeichnet im Tagebuch erstmals die Arbeit an *Faust II* als „Hauptgeschäft".**	76
1827	Weimar	*Helena. Klassisch-romantische Phantasmagorie* erscheint.	78
1828	Weimar	Der Großherzog und Freund Karl August stirbt. ***Faust. Zweiter Teil:* Fast 1500 Verse des 1. Aktes erscheinen in Bd. 12 der *Ausgabe letzter Hand.***	79
1829	Weimar	Dezember: Arbeit am 2. Akt, Goethe liest Eckermann daraus vor.	80
1830	Weimar	Januar: Arbeit an der *Klassischen Walpurgisnacht* (2. Akt); Goethe liest die Mütterszene (V. 6212 ff.) vor.	80
1831	Weimar	22. Juli: „Das Hauptgeschäft zustande gebracht."	81
1831	Weimar	Goethe lässt die Reinschrift von *Faust II* versiegeln.	82
1832	Weimar	Nochmalige Arbeit an *Faust II*, „neue Aufregung" notiert Goethe am 24. Januar. 22. März: Tod Goethes in seinem 83. Lebensjahr. ***Faust. Zweiter Teil* erscheint nach Goethes Tod in Band 41 der *Ausgabe letzter Hand.***	82

2.2 Zeitgeschichtlicher Hintergrund

ZUSAMMEN-FASSUNG

- → Als Goethe an *Faust I* arbeitete, war es der Vorabend der Französischen Revolution von 1789.
- → Die Arbeit an *Faust* reichte über die Herrschaft Napoleons, die Neuordnung Europas, die Befreiungskriege 1813 und den Wiener Kongress 1815 bis zur Julirevolution 1830.
- → Parallel dazu vollzogen sich eine technisch-industrielle Revolution großen Ausmaßes und die Herausbildung der Arbeiterklasse.
- → Gesellschaftliche Inhalte waren u. a. eine bürgerliche Gesellschaftsstruktur, das Gleichheitsprinzip und bürgerlicher Besitzanspruch.
- → *Faust II* wurde auch zu einer Auseinandersetzung Goethes mit der Romantik.

Von der Neuordnung Europas durch Napoleon bis zur Julirevolution 1830

Die Entstehungszeit des *Faust* reicht von 1770 bis zu Goethes Tod 1832. Goethe begann mit der Arbeit am Vorabend **der Französischen Revolution von 1789**, die Aufklärung bereitete die geistigen und politischen Veränderungen vor. Die Arbeit an *Faust II* endete, als die Arbeiterklasse 1830 zum ersten Male ihre Forderungen anmeldete. Goethe verfolgte die Julirevolution von 1830 in Frankreich aufmerksam: In einem Brief an Knebel vom 12. September 1830 bezeichnete er sie als „Reprise“ der Revolution von 1789 und an Zelter vom 5. Oktober als „Pariser Erdbeben“[1]. Auch in *Faust II*

Julirevolution 1830

1 Schmidt, S. 216.

arbeitete Goethe die Julirevolution ein, so umschreibt im 2. Akt ein von Seismos verursachtes Erdbeben (V. 7503 ff.) die Revolution metaphorisch. Zu Beginn des 4. Aktes beschreibt Mephisto – „ernsthaft", wie es heißt – die Revolution als ein Erdbeben, dass die Hölle ausgelöst habe (V. 10084 ff.). Goethe wurde zudem mit der beginnenden industriellen Revolution konfrontiert: Seit 1784 gab es die erste Dampfmaschine James Watts, in der Chemie entdeckte Lavoisier, der 1794 auf der Guillotine gestorben war, die Zusammensetzung des Wassers – der naturwissenschaftlich interessierte Goethe galt „als Fachmann für die neue Chemie Lavoisiers"[2] –, 1825 fuhr die erste Eisenbahn in England, Großbanken wie das Haus Rothschild (seit 1815) entwickelten sich, und das Finanzwesen wurde zu einer beherrschenden Macht. In den Kriegen entstand eine **technisierte Kriegführung**, in der ingenieurtechnisches Personal große Bedeutung hatte. Goethe hat die Veränderung im 4. Akt (V. 10503–10782) symbolisch durch fiktive Wasserwogen, Lichtspiele und leere Rüstungen beschrieben.

Industrielle Revolution

2 Boyle, Bd. 2, S. 564.

Wesentliche Ereignisse zwischen dem Erscheinen von Faust I (1808) und der Arbeit an Faust II (1825 ff.)

Die Zeit Napoleons

POLITISCHE EREIGNISSE:	KULTURELL-TECHNISCHE EREIGNISSE:	LITERARISCHE EREIGNISSE:
Seit 1799: Aufstieg Napoleons zu Konsul und Kaiser. 1805: Sieg der Franzosen bei Austerlitz. 1806: Ende des Hlg. Römischen Reiches Dt. Nation. 1807: Preuß. Reformen durch Reichsfreiherr vom und zum Stein (Bauernbefreiung, Städteordnung schränkt Einfluss des Staates ein, Heeresreform). 1808: Erfurter Fürstenkongress, Napoleon trifft den Zaren und die Rheinbundfürsten; dt. Staaten außer Preußen und Österr. treten dem Rheinbund bei. 1809: Widerstand gegen Napoleon durch Einzelaktionen (Major Schill, Andreas Hofer, Schwarze Schar des Herzogs von Braunschweig). 1810: Napoleon auf dem Höhepunkt seiner Macht; er erobert Europa, 1812: Konvention von Tauroggen zwischen Preußen und Russen; Niederlage Nap.s in Moskau. 1813: Völkerschlacht bei Leipzig. 1814: Louis XVIII. (Bourbonenrestauration bis 1830).	J. G. Fichte (1807/08: *Reden an die dt. Nation*). 1807: Dampfschiff (R. Fulton), 1808: L. v. Beethoven (5., 6. Sinfonie). 1808: Mechanischer Webstuhl. 1810: Malervereinigung der Nazarener in Rom. 1811: Jahn eröffnet ersten Turnplatz in Berlin. 1811: Stahlgießerei und Maschinenfabrik Krupp. 1813: Erste einsetzbare Lokomotive in England. 1819: Raddampfer fährt von den USA nach Europa. 1821: Grundlage des Elektromotors (Faraday). 1825: 1. Techn. Hochschule Dt.s in Karlsruhe. 1830: Eisenbahn zw. Manchester u. Liverpool (Stephenson).	Frühromantik/Jena: A. W. (1767–1845) und F. (1772–1829) Schlegel, C. Schlegel (verheiratet u. a. mit A. W. Schlegel, Schelling, befreundet mit G. Forster), Novalis (1772–1801): bedeutendster Dichter der Frühromantik, L. Tieck (1773–1853), E. T. A. Hoffmann (1776–1822). H. v. Kleist (1777–1811): *Prinz Friedrich von Homburg* (1809/11 entst.), *Penthesilea* (1808), *Der zerbrochene Krug* (1803/06); Jacob (1785–1863) u. Wilhelm (1786–1859) Grimm: *Deutsche Sagen, Dt. Grammatik* u. Beginn des *Dt. Wörterbuches*. Europäische Lit.: Shelley: *Der entfesselte Prometheus* (1820), Manzoni: *Die Verlobten* (1827), Mickiewicz: *Totenfeier* (1823/32/60), Stendhal: *Rot und Schwarz* (1830).

Wiener Kongress bis zur Julirevolution

POLITISCHE EREIGNISSE:	KULTURELL-TECHNISCHE EREIGNISSE:	LITERARISCHE EREIGNISSE:
Wiener Kongress (1814/15) mit Restauration. 1815: Gründung des Dt. Bundes (ca. 40 Staaten bleiben von über 300 übrig). 1817: Wartburgfest. 1818: Allgem. Dt. Burschenschaft. 1819: Karlsbader Beschlüsse, Demagogenverfolgung.1821: Griech. Freiheitskampf bis 1829, Philhellenismus. 1822: Hlg. Allianz: Unterdrückung der bürgerl. Rev. in Europa. 1830: Julirev. in Frankreich.	Gemälde C. D. Friedrichs. Lit. Salons als Kulturzentren: Rahel Varnhagen, Henr. Hertz, Bettina von Arnim, K. v. Günderrode; utop. Sozialismus: Saint-Simon. Eisenbahn: Nürnberg-Fürth. **1832: Goethes Tod bedeutet „Ende der Kunstperiode"** (Heine).	Hochromantik nach 1805 (Heidelberg): A. v. Arnim (1781–1831), C. Brentano (1778–1842): Sammlung von Volksliedern (*Des Knaben Wunderhorn*) und Volksdichtungen, Brüder Grimm: *Kinder- und Hausmärchen* (1812/15). J. v. Eichendorff (1788–1857), W. Müller, genannt: Griechen-Müller (1794–1827).

Bürgerliche Gesellschaft, Gleichheitsprinzip und Besitzanspruch

Parallel zum Aufstieg Napoleons entwickelte sich sowohl unter dem französischen Einfluss als auch durch die preußischen Reformen seit 1807 eine bürgerliche Gesellschaft mit einer entsprechenden Gesetzgebung. Goethe, der alles Wesentliche aus der Presse erfuhr, hielt diese **bürgerliche Welt- und Lebenssicht**, die von einem vernünftig geregelten Ganzen ausging, für gültig. Außerdem nahm er die utopischen Sozialisten, vor allem den französischen Philosophen Henri de Saint-Simon (1760–1825), zur Kenntnis.[3] Goethe las

Utopischer Sozialismus

3 Vgl. Hamm, *Julirevolution*.

die französische Zeitung *Le Globe* gewissenhaft. Das Gedankengut des utopischen Sozialismus, das er fand, floss in die Arbeit am 5. Akt ein, z. B. Saint-Simons Gesellschaftslehre – die modernste Philosophie der Zeit –, die Vorstellung von einer Gesellschaft, in der Menschen gleichberechtigt und frei zusammenarbeiten. Bei der Arbeit galt für Goethe die **Forderung der Gleichheit**. Anders verhielt es sich mit gleichen **Besitzverhältnissen**: Goethe erkannte und akzeptierte die Unterschiedlichkeit von Leistung und daraus entstehender Verteilung. Goethes „freie(r) Grund mit freiem Volk" (V. 11580) war nicht gleichzusetzen mit eigenem Grund.

Die technisch-industrielle Revolution – Kolonisationsbestrebungen

Schaffenspause zwischen 1800 und 1825

Zwischen 1800 und 1825 hatte die Arbeit am *Faust II* fast geruht. Die Zeit der Neugestaltung Europas war verbunden mit Napoleons Aufstieg und Preußens Zusammenbruch 1806, dem Ende des Heiligen Römischen Reiches Deutscher Nation, Napoleons Zug nach Moskau, den Befreiungskriegen 1813 und Napoleons Sturz. Der Wiener Kongress 1815 restaurierte die überholten Machtverhältnisse und machte die Neugestaltung Europas wieder zum Teil rückgängig. Im Kampf gegen die Fremdherrschaft hatte sich jedoch ein Patriotismus entwickelt, der sich nicht verdrängen ließ und der die Menschenrechte einbezog. Die von Frankreich übernommene bürgerliche Gesetzgebung, der von Napoleon eingeführte *Code civil* und die industrielle Revolution, der technische Fortschritt in den Rheinbundstaaten wirkten weiter und wurden durch die preußischen Reformen seit 1807 (Agrarreformen schränkten feudale Verhältnisse auf dem Lande ein usw.), die als Voraussetzung des Kampfes gegen die Fremdherrschaft galten, propagiert. In England hatte sich eine moderne maschinell betriebene Industrie entwickelt und führte zu einem explosiv wachsenden Handel. Aus der Landwirtschaft waren

Arbeitskräfte frei geworden, die sich in Betrieben verdingten und so zur Erweiterung der Industrie führten. Europa wurde technisch und industriell modernisiert.

Kolonisierung der USA

Die USA sahen sich einer beginnenden großen Einwanderungswelle ausgesetzt; Kolonisationsprobleme wie in Fausts Schlussmonolog (V. 11559 ff.) standen auf der Tagesordnung. Wenn Faust dem Teufel die Aufgabe stellt, ihn bei der Landgewinnung zu unterstützen und „das herrische Meer vom Ufer auszuschließen" (V. 10229), erweist er sich als Zeitgenosse Goethes.[4]

Beginn der modernen kritischen Wissenschaftsperiode

Seit der Französischen Revolution von 1789 hatte sich Europa prinzipiell verändert. Napoleons Zug durch Europa war zwar 1812 in Moskau gestoppt worden, aber den territorialen Umgestaltungen, die er vorgenommen hatte, schlossen sich weitere an, auch durch den Wiener Kongress 1815. Es folgten die Gründung des Deutschen Bundes und die Heilige Allianz, durch die alle demokratischen Bewegungen rücksichtslos unterdrückt werden sollten (Zensur, Verbote, Stärkung der landesherrlichen Gewalt usw.). Die genannten Ereignisse umreißen, dass Goethes *Faust II* während dieser Neuordnung Europas entstand, die mit einschneidenden sozialen Veränderungen verbunden war. Sie bedeuteten die Ablösung feudaler Strukturen durch die **Herrschaft des Bürgertums,** wie sie auch in *Faust II* zu finden ist. Für Heinrich Heine war 1835 *Faust* der Zeitpunkt, „wo man anfing, gegen die strenge Kirchenautorität zu predigen und selbstständig zu forschen: – so dass mit Faust die mit-

---

4 Vgl. dazu Eckermann (21. Februar 1827), S. 289 f. Goethe ging auf Kolonisationsvorhaben ein, die Alexander von Humboldt geschildert hatte, und glaubte, die USA, „dieser jugendliche Staat", würde sich solcher Vorhaben annehmen. Vgl. auch: BA 8, 908: Wahrscheinlich nahm Goethe nicht die Entwässerungsarbeiten Friedrichs II. von Preußen, sondern die linkselbische Marschlandschaft als Vorbild für Fausts Kolonisation; dort agierende Deichbauer waren vom Kaiser im 17. Jahrhundert mit dem Titel „Faust von und zu Neufeld" geadelt worden.

telalterliche Glaubensperiode aufhört und **die moderne kritische Wissenschaftsperiode** anfängt."[5]

Goethes Auseinandersetzung mit der Romantik

Auseinandersetzung mit der Romantik

Faust II war auch eine Auseinandersetzung mit der deutschen und der europäischen **Romantik**, die das Werk aufnahm, reflektierte und von der es sich abstieß. Die Romantik verlief zeitlich parallel: Um 1800 hatte sie einen ersten Höhepunkt erreicht, 1830 war sie vorüber. 1832 sprach Heinrich Heine vom Ende der „Goethe'schen Kunstperiode"[6] und bezog die Romantik in die Beschreibung ein. Goethe führte die Auseinandersetzung mit der Romantik auch, weil er sich mit Schiller für die Auslösung von „so viel Streit und Spaltungen" der romantischen oder klassischen Poesie verantwortlich sah.[7] 1829 äußerte Goethe:

Klassisch = gesund, romantisch = krank?

> „Das Klassische nenne ich das Gesunde, und das Romantische das Kranke. Und da sind die Nibelungen klassisch wie der Homer, denn beide sind gesund und tüchtig. Das meiste Neuere ist nicht romantisch, weil es neu, sondern weil es schwach, kränklich und krank ist, und das Alte ist nicht klassisch, weil es alt, sondern weil es stark, frisch, roh und gesund ist."[8]

Goethes Aussage fiel in einem Gespräch über französische Dichter und betraf nicht nur die zeitgenössische Kunst, sondern Wirkungen

---

5 Heinrich Heine: *Die Romantische Schule.* In: Ders.: Sämtliche Schriften, hrsg. von Klaus Briegleb. München: Deutscher Taschenbuch Verlag, 2005, Bd. 3, S. 401.

6 Heinrich Heine sprach seit 1828 vom Ende der „Kunstperiode", die er vom „Erscheinen Goethes" an datierte (vgl. ebd., Bd. 1, S. 445: *Die deutsche Literatur ...*, 1828) und bestätigte in der *Romantischen Schule* (1835) das Ende: „Was war aber die romantische Schule in Deutschland? Sie war nichts anders als die Wiedererweckung der Poesie des Mittelalters ..." (Vgl. ebd., Bd. 3, S. 361).

7 Eckermann (21. März 1830), S. 549.

8 Eckermann (2. April 1829), S. 467 f.

von Kunst überhaupt. Dadurch wurden Homer als Klassiker und das *Nibelungenlied*, das deutsche Romantiker als Vorbild priesen[9], als klassisches Kunstwerk verstanden. Diesem Gedanken folgte Goethe in seinem *Faust II:* Die **Auseinandersetzung zwischen Klassik und Romantik**, die Entgegensetzung vom Gesunden und Kranken (1829) findet eine semantische Entsprechung in der Gegenüberstellung der „Nacht- und Grabdichter" mit ihrem Vampir und der „griechischen Mythologie" (vor V. 5299) mit „Charakter" und „Gefälligem".

Byron und der griechische Befreiungskampf

Goethe verarbeitete in seinem *Faust II* **weltliterarische Ereignisse**. Er war erschüttert vom Tod des englischen Dichters Byron im griechischen Befreiungskampf (1821–1829), den er mit großer Anteilnahme, ging es doch um die Nachfahren der antiken Griechen, und mit Skepsis, waren doch die Kämpfe von Anarchie geprägt, verfolgte. Er beschäftigte sich mit Byrons Werk, erlebte Jugendliche, die „byronisierten", die eigene Schwiegertochter Ottilie eingeschlossen.[10] Goethe hatte die Nachricht vom Tod des Dichters am 23. Mai 1824 erhalten. **George Gordon Noel Lord Byron** war am 19. April 1824 in Missolunghi (Griechenland) gestorben, bevor er mit seiner Freischar das griechische Volk in seinem Unabhängigkeitskampf unterstützen konnte. Goethe konzentrierte sich dadurch wieder auf den *Helena*-Akt, verband antike Sage mit griechischer Gegenwart und setzte Byron mit Euphorion „das kostbarste Denkmal, das einem neueren Dichter gestiftet worden ist"[11]. Goethe kam den Romantikern mit seiner *Helena*-Handlung entgegen. Gespens-

---

9 Die Romantik mythologisierte das *Nibelungenlied* im Zusammenhang mit ihrer Begeisterung für das Mittelalter und beschäftigte sich in der bildenden Kunst mit dem *Nibelungenlied* (kritische Ausgabe von Carl Lachmann 1826 und Übersetzung von Simrock 1827). Goethe sprach dem *Nibelungenlied* Vorbildhaftes ab (Eckermann, 31. Januar 1827, S. 278), das gäbe es nur bei den alten Griechen. Umso erstaunlicher ist diese Zuordnung.

10 Vgl. Friedenthal, S. 669 f.

11 Ebd., S. 670.

ter, Geister und traumhafte Erscheinungen gibt es; Goethe nannte alles eine „Phantasmagorie". Auch das scheinbar Fragmentarische der Abläufe, die in die Handlung eingefügten Einfälle, Spruchweisheiten und Gedanken konnten als romantisch verstanden werden. Der Weimarer Beamte Peucer schrieb an den Publizisten Böttiger am 5. Oktober 1827:

„Phantasmagorie"

> „Über die zweite Hälfte des Goethe'schen Werks, die bloß romantisch gehalten ist, ließe sich freilich unter Freunden allerlei sagen. Dies ist ein buntes Allerlei, zusammengesetzt aus Epimenides und Byron und hundert anderen Reminiszenzen, Gedanken und Einfällen, hie und da rein desultorisch [sprunghaft, R. B.] und aus den Blättern der Sybille herausgerissen, absolut hingeworfen, ohne grammatischen Zusammenhang, zuweilen noch durch mangelhafte Interpunktion erschwert, vielleicht nur Goethen selbst verständlich."[12]

12 Zitiert nach: Bode, Bd. 3, S. 250; Heinrich Karl Friedrich Peucer (1779–1849), Schriftsteller, weimarischer Staatsbeamter, seit 1815 Direktor des Oberkonsistoriums. Karl August Böttiger (1760–1835), Philologe und Altertumswissenschaftler, seit 1791 Gymnasialdirektor in Weimar, Redakteur des *Teutschen Merkurs*, seit 1804 in Dresden.

2.3 Angaben und Erläuterungen zu wesentlichen Werken

ZUSAMMEN-FASSUNG

- → Der erste Teil *(Faust I)* bleibt wesentliche Voraussetzung zum Verständnis des zweiten Teils.
- → Die Unterschiede zwischen beiden Teilen weisen auf ihre dialektische Zusammengehörigkeit hin.

ARBEIT AM FAUST. DER TRAGÖDIE ZWEITER TEIL	PARALLEL ENTSTANDENE WERKE
1808 *Faust. Der Tragödie erster Teil* erscheint im 8. Band der dreizehnbändigen Cotta'schen Ausgabe der Werke. Erste Ideen zu *Der Tragödie zweiter Teil* und Gespräche mit F. W. Riemer darüber.[13]	
	1809 *Die Wahlverwandtschaften, Pandora*
	1811–1814 Arbeit an *Dichtung und Wahrheit* (Bände 1–4)
1816 Inhaltsskizze zum *Zweiten Teil* des *Faust* für *Dichtung und Wahrheit*	
	1819 *West-östlicher Divan*
	1821 *Wilhelm Meisters Wanderjahre*

13 Vgl. Gräf, S. 165 f.

ARBEIT AM FAUST. DER TRAGÖDIE ZWEITER TEIL	PARALLEL ENTSTANDENE WERKE
1825 Arbeit am *Zweiten Teil* des *Faust* erscheint *Helena. Klassisch-romantische Phantasmagorie. Zwischenspiel zu Faust*	
1827 ff. Arbeit am und Abschluss des *Faust. Der Tragödie zweiter Teil* in fünf Akten 22. Juli: „Das Hauptgeschäft zustande gebracht. Letztes Mundum [Reinschrift, R. B.]. Alles rein Geschriebene eingeheftet." (BA 8, 768)	1827 *Novelle, Trilogie der Leidenschaft*
1832 17. März: Goethes letzter Brief, gerichtet an Wilhelm von Humboldt, beschäftigt sich mit dem *Faust:* „Es sind über sechzig Jahre, dass die Konzeption des *Faust* bei mir jugendlich von vorne herein klar, die ganze Reihenfolge hin weniger ausführlich vorlag. Nun hab ich die Absicht immer sachte neben mir hergehen lassen, und nur die mir gerade interessantesten Stellen einzeln durchgearbeitet, so dass im Zweiten Teil Lücken blieben, durch ein gleichmäßiges Interesse mit dem übrigen zu verbinden."[14]	

Faust I und *Faust II* – Gemeinsamkeiten und Unterschiede

Die Titelgestalt Faust weist die beiden Teile als zusammengehörig aus, Mephisto verstärkt die Übereinstimmungen. Fausts Streben vereint nicht nur die beiden Teile, sondern hält auch Faust und Mephisto zusammen. Aber die Übereinstimmung beinhaltet einen Gegensatz: Im ersten Teil ist Fausts Streben ein individuelles, gerichtet auf die Befriedigung des Wissenschaftlers, im zweiten Teil ist es ein gesellschaftliches, gerichtet auf die Befriedigung des Kolonisators und Unternehmers. Personen wie Gretchen – nicht in Person,

14 An Wilhelm von Humboldt, 17. März 1832. In: BA 8, 735.

aber als Personifikation einer inneren Schönheit, als Traumgestalt jugendlicher Liebe (V. 10058 ff.) und schließlich als „Büßerin, sonst Gretchen genannt" (vor V. 12084) – der Schüler und Wagner bilden weitere Brücken zwischen den Teilen. Die Kennzeichnung als erster und zweiter Teil einer Tragödie drückt die **formale Zusammengehörigkeit** aus. Für beide Teile gelten auch die Wette des Herrn mit Mephisto um den beispielhaften Menschen im *Prolog* und die für Fausts gesamtes Leben geschlossene Wette zwischen Mephisto und Faust um den erfüllten Augenblick. Neben den Übereinstimmungen gibt es inhaltliche und formale Unterschiede, beispielsweise: Der *Prolog im Himmel* und *Anmutige Gegend* eröffnen die beiden Teile; Unterschiede werden im auftretenden Personal (der Herr, Mephistopheles x Ariel) und im verwendeten Versmaß erkennbar – in beiden Fällen sind es achtversige Strophen (V. 243 ff., V. 4513 ff.) mit durchgehendem Kreuzreim, aber der Rhythmus ist einmal ein jambischer, zum anderen ein trochäischer Tetrameter.

Wette als verbindendes Motiv

Gegenüberstellung von *Faust I* und *Faust II*

FAUST I	*FAUST II*
kleine Welt	große Welt
feudale Welt	frühbürgerlich-kapitalistische Welt
Krieg in weiter Ferne, „weit, in der Türkei" (V. 862)	Krieg hat Mitteleuropa im Griff.
Provinzpolitik	Staatspolitik
„Das individuelle Streben" führt im 1. Teil zur Zerstörung,	im 2. Teil „die neuzeitliche Fortschrittsdynamik"
Zerstörung durch den „Unmensch(en) ohne Zweck und Ruh"	Zerstörung „als allgemeine zivilisatorische Entwicklung"[15]

---

15 Schmidt, S. 215.

FAUST I	*FAUST II*
Liebe zu Gretchen	Liebe zu Helena
Beider Kind tötet Gretchen.	Beider Kind stirbt beim Absturz wie Ikarus.
Faust zerstört Gretchens Idylle.	Faust lässt Philemon und Baucis Idylle zerstören.
Walpurgisnacht im Harz, Gegend von Schierke und Elend	Klassische Walpurgisnacht am Peneios
Unterhaltung in Auerbachs Keller unter Studenten	Unterhaltung am Kaiserhof mit dem Hofstaat
Faust kämpft mit dem Degen, gelenkt von Mephisto (V. 3706).	Faust kämpft als „Feldmarschall" (V. 10314), Mephisto leitet den „Generalstab".
Faust strebt nach individueller Erfüllung.	Faust strebt nach gesellschaftlicher Anerkennung.
Faust Ist Wissenschaftler und ev. Künstler.	Faust ist Kriegsherr und Unternehmer.
Faust steht am Übergang vom MA zur Neuzeit.	Faust ist in der Neuzeit (19. Jh.) angekommen.
Faust handelt in einer realen Welt.	Faust handelt in einer allegorischen Welt.
Nur Mephisto und sein Wirken haben eine Sonderstellung.	Nur Bilder sind Ableitungen aus der Realität.
Faust lebt in *einer* historischen Epoche (MA).	Faust lebt in verschiedenen Epochen.

3. TEXTANALYSE UND -INTERPRETATION

3.1 Entstehung und Quellen

ZUSAMMEN-FASSUNG

- Der historische Faust, ein Zeitgenosse Luthers, gehört zu den interessantesten Gestalten der europäischen Kulturgeschichte und steht am Beginn der Moderne.
- Bereits im Jahr 1800, noch während der Arbeit am I. Teil (abgeschlossen 1806), war ein *Schema der gesamten Dichtung* entstanden. Die entscheidende Arbeit am II. Teil fand erst zwischen 1825 bis 1831 statt.
- Nach der kleinen Welt des I. Teils lernt Faust im II. Teil die große Welt, die Antike und die kapitalistische Wirtschaftsstruktur kennen, genießt antike Schönheit und die Welt des feudalen höfischen Glanzes und führt einen modernen Krieg.
- Quellen waren u. a. Dantes *Göttliche Komödie* und andere Werke der Weltliteratur, Lieder, musikalische Vorstellungen wie Singspiel und Oper.

Schema zur gesamten Dichtung (1800)

Im April 1800 hatte Goethe, ermuntert von Schiller, ein *Schema zur gesamten Dichtung* entworfen und dabei erstmals von *Faust II*, insbesondere auch von Helena gesprochen: „Tatengenuss nach außen und Genuss mit Bewusstsein, Schönheit: Zweiter Teil". Am Ende sollte eine Höllenfahrt stehen: „Epilog im Chaos auf dem Weg zur Hölle." (BA 8, 560) Im September arbeitete Goethe an *Helena*: „Schönheit" im *Schema* meinte diese *Helena*-Dichtung, die der 3. Akt des *Faust II* wurde. Auch dachte Goethe über Fausts Tod nach. Am 24. November 1800 schrieb Friedrich Schlegel an seinen

Bruder August Wilhelm, von Goethe sei „ein gewaltiges griechisches Trauerspiel (...) in Trimetern und chorähnlichen Chören" zu erwarten.[16] Aber die Arbeit kam für lange Zeit zum Stillstand. Zeugnisse über die Entstehung sind spärlich. Es drängten andere Werke. So hielt Goethe 1806 zwar den *Zweiten Teil* für (im Kopf) gedichtet, aber noch nicht für geschrieben. Bei der Weiterarbeit wurde ihm seit 1808 sein Sekretär Riemer ein Partner. Aber über viele Jahre war es nur ein Erinnern, bis Goethe im Glauben, er werde das Werk nie vollenden, 1816 für seine Autobiografie *Dichtung und Wahrheit* die Inhaltsskizze von *Faust II* entwarf, die er als vorweimarischen Plan ausgab, aber dann nicht in die Autobiografie aufnahm. Noch knüpfte Goethe nicht unmittelbar an *Faust I* an, sondern ließ den schlafenden Faust von „Geisterchören" (BA 8, 580) zu neuen Freuden rufen, „verschwunden alle vorhergehende Abhängigkeit von Sinnlichkeit und Leidenschaft" (BA 8, 580). Goethe schilderte den Inhalt bis zum 4. Akt, Faust „gewinnt große Güter". Wie es dann weitergehen könnte, „wird sich zeigen, wenn wir künftig die Fragmente oder vielmehr die zerstreut gearbeiteten Stellen dieses Zweiten Teils zusammenräumen (...)" (BA 8, 583). 1818 las Goethe Christopher Marlowes *Doctor Faustus.*

Langer Stillstand

Parallel zu Goethes Arbeit entwickelte die Öffentlichkeit immer größeres Interesse an der Fortsetzung des *Faust*. Da Goethe sie nicht zu schreiben schien, versuchten andere Autoren die Aufgabe zu lösen. 1823 erschienen gleich zwei Versuche eines *Faust II:*

Fortsetzungsversuche anderer Autoren

→ Karl Christian Ludwig Schöne: *Fortsetzung des Faust von Göthe. Der Tragödie zweiter Teil*, Berlin 1823
→ Jakob Daniel Hoffmann: *Faust. Eine Tragödie von Goethe,* Leipzig 1823

---

16 Bode, Bd. 2, S. 176.

„Du schwiegst, Du willst den Faust nicht enden."

Beide Versuche scheiterten kläglich; Goethe, dem Schöne sein Werk mit einer Widmung zuschickte („Du schwiegst, Du willst den Faust nicht enden."), reagierte höflich, aber kühl: „Ich fühle mich darüber mit mir selbst entzweit."[17] 1824 antwortete Goethe auf die Frage des Dichters Friedrich Matthisson (1761–1831), ob er nichts weiter am *Faust* tun werde: „Das ist größtenteils schon geschehen."[18] 1826 wurde das *Helena*-Fragment von 1800 bekannt; die „Episode", wie Humboldt sie nannte[19], wurde 1827 gedruckt.[20] Im Zusammenhang mit der Vorbereitung der *Vollständigen Ausgabe letzter Hand* bei Cotta wurde Goethe wieder auf sein unvollendetes Werk aufmerksam. 1831 war nur der vierte Akt noch nicht vollendet; Goethe hielt sich mit Aussagen zurück, und Freunde mussten sich verpflichten, nichts über das Stück bekannt werden zu lassen. Im Frühjahr arbeitete Goethe intensiv daran und konnte am 21. Juli 1831 endlich den Abschluss vermerken.

Im vorletzten Lebensjahr vollendet

Quellen

Mit den Quellen des Fauststoffes, die im *Ersten Teil* erkennbar waren, hat *Faust II* nur noch bedingt zu tun: In der *Historia von D. Johann Fausten* (1587) erfüllt Faust den Wunsch von Studenten, die schöne Helena sehen zu wollen. Er lässt Helena erscheinen „in einem köstlichen schwarzen Purpurkleid, ihr Haar hat sie herabhängen, das schön, herrlich als Goldfarb schien, auch so lang, dass es ihr bis in die Kniebiegen hinab ging"[21].

---

17 Vgl. Roderich Warkentin: *Nachklänge der Sturm- und Drangperiode in Faustdichtungen des achtzehnten und neunzehnten Jahrhunderts*. München: Franke & Haushalter, Verlagsbuchhandlung, 1896, S. 97 f.

18 Bode, Bd. 3, S. 184.

19 Wilhelm von Humboldt am 26. Dezember 1826 an seine Frau. In: Bode, Bd. 3, S. 226.

20 Sie erschien im 4. Band der bei Cotta erscheinenden *Ausgabe letzter Hand* 1827 und machte „mit Recht viel Aufsehen" (Peucer an Reinhard am 21. Juni 1827. In: Bode, Bd. 3, S. 241).

21 *Historia von D. Johann Fausten dem weitbeschreiten Zauberer und Schwarzkünstler* (1587). Leipzig: Reclam, 1964, S. 117, im Original in: *Historia von D. Johann Fausten*, Text des Druckes von 1587. Kritische Ausgabe. Hrsg. von Stephan Füssel und Hans Joachim Kreutzer. Stuttgart: Reclam, (1988) 2003, S. 97.

Faust (Will Quadflieg) und Helena (Antje Weissgerber) in einer Inszenierung von Gustaf Gründgens am Deutschen Schauspielhaus 1958 © ullstein bild

Lösung von der Volksbuch-Vorlage

Die Handlung wird im Übrigen unabhängig von früheren Faust-Gestaltungen und dem Volksbuch entwickelt, dafür wurden andere Quellen wie Homers *Ilias* und *Odyssee* benutzt. Als Phorkyas Helena und den gefangenen Trojanerinnen den Tod voraussagt (V. 8925 ff.), ähnelt das einer Tat des Odysseus: Er lässt nach seiner Rückkehr (Homer: *Odyssee*, 22. Gesang, V. 465 ff.) in Ithaka Mägde, die sich „schändlich betragen" hätten, aufhängen wie einen „flüchtigen Schwarm von Drosseln oder auch Tauben".

Wissenschaftliche Quellen

Literarische Quellen

Die übrigen Quellen für *Faust II* sind zahlreich, darunter wissenschaftliche **Bücher über das antike Griechenland und mythologische Werke** wie Benjamin Hederichs *Gründliches mythologisches Lexikon* (1770), das öfters fast wörtlich in den Text aufgenommen wurde. Vor allem gehören **Dichtungen der Weltliteratur** zu den wichtigsten Quellen der Fortsetzung, darunter **Homers** *Ilias* **und** *Odyssee* **und Dantes** *Göttliche Komödie:* „Bei Goethe kam als topographisches Vorbild für Fausts Diesseitsfahrt Dantes Himmelfahrt hinzu; freilich mit vollkommener Säkularisierung des Schauplatzes, die letzten Himmelsszenen abgerechnet."[22] Die Entsprechungen zwischen Versen in Terzinenform, die Faust spricht, und Terzinen aus Dantes *Göttlicher Komödie* sind besonders in Fausts erstem Monolog (V. 4679 ff.) häufig und in einigen Versen identisch: Es bricht „ein Flammen-Übermaß" (V. 4708), heißt es bei Goethe, bei Dante im *Fegefeuer (Purgatorio):* „Im höchsten Übermaß die Flamm' entglommen" (XXVII, 51)[23]. Die Märchen aus *Tausendundeiner Nacht* haben 1824/25 Goethe zur Weiterarbeit angestoßen, wie Katharina Mommsen nachgewiesen hat; Goethe fand durch sie den Weg zur

---

22 Ernst Bloch: *Das Faustmotiv in der Phänomenologie des Geistes.* In: Autorenkollektiv: Zu neuen Ufern. Essays über Goethe. Berlin: Verlag Tägliche Rundschau, 1949, S. 165.

23 Übersetzung von Streckfuß, Leipzig (Reclam), 1876, S. 349. Andere Übersetzungen (Philalethes) verwenden statt „Flammen" hier „Hitze".

Klassischen Walpurgisnacht, „zu jener Form eines ganz fessellosen Zauberspiels"[24].

Rolle der Musik

Auch die Musik spielte eine große Rolle: Goethe wünschte sich mindestens Teile des *Faust II* als Oper und dafür Kompositionen von Giacomo Meyerbeer (1791–1864), eines Schülers des Goethe-Freundes Zelter, oder von Gioachino Rossini (1792–1868). Er stellte sich eine Musik wie die Mozarts zum *Don Giovanni* vor: „Das Abstoßende, Widerwärtige, Furchtbare, was sie [die Musik zu *Faust II*, R. B.] stellenweise enthalten müsste, ist der Zeit zuwider. Die Musik müsste im Charakter des *Don Juan* sein."[25] Die arkadische Szene *(Schattiger Hain)* gibt in den Regieanweisungen den musikalischen Charakter des Euphorion-Teils an: „Ein reizendes, reinmelodisches Saitenspiel" (vor V. 9679) führt ein; Lieder und Kantatentexte begleiten Euphorion und Chor, die sich „tanzend und singend bewegen" (vor V. 9755), Trauergesang und Musik begleiten den Tod Euphorions. Die gesamte relativ selbstständige Euphorion-Szene innerhalb der Szene *Schattiger Hain* – sie reicht von V. 9679 bis V. 9938 – wollte Goethe „mit vollstimmiger Musik" (vor V. 9679) versehen haben. Lieder, vor allem Kirchenlieder, werden im Original, aber auch verfremdet und damit ironisiert in den Dialogen verwendet: Als Lied erscheint „Herr Gott dich loben wir" (V. 10866); es stammt aus der Übersetzung des *Te Deums* (1529) von Martin Luther. Ironisiert wird Luthers *Eine feste Burg ist unser Gott*, wenn Euphorion des Mannes „eh'rne Brust" zur „feste(n) Burg" (V. 9857 f.) und damit zum Sinnbild eines übersteigerten Selbstbewusstseins erklärt. Faust verwendet die alte Liebesformel „Ich bin dein und du bist mein" (V. 9704), wie man sie aus dem be-

---

24 Katharina Mommsen: *Homunculus und Helena*. In: Keller (Hrsg.), S. 140 f.
25 Eckermann (12. Februar 1829), S. 450; vgl. ebd. (5. Januar 1827), S. 274, (21. Februar 1831), S. 602.

rühmten Liebeslied *Ich bin dein, du bist mein* kennt, das von einer unbekannten Verfasserin aus dem 12. Jahrhundert stammt.

Verzicht auf Selbstzensur

Bei der Arbeit am *Zweiten Teil* brachte Goethe zeitgenössische Ereignisse und Anspielungen auf Zeitgenossen unter, besonders auf die Romantiker und ihre literarischen Zeugnisse.[26] Im Gegensatz zum *Ersten Teil*, wo er solche Anspielungen vor der Drucklegung strich, verzichtete er im *Faust II* auf Selbstzensur:

> „Goethe hat die Rücksichtnahme auf seine Zeitgenossen aufgekündigt. Negativ gesagt: Er erwartet von ihnen keinerlei Verständnis mehr (...), er sieht sich als einen isolierten Dichter, der sein Werk im vollen Bewusstsein seiner Unzeitgemäßheit schreibt."[27]

---

26 Rüdiger Safranski hat sich in dem Band: *Romantik. Eine deutsche Affäre* (München: Carl Hanser Verlag 2007) mit dieser Auseinandersetzung Goethes in *Faust II* ebensowenig beschäftigt wie mit Byron, der romantischen Musik, Malerei und dem romantischen Zeitgefühl der Klassiker, Heines u. a.

27 Damm, S. 275.

3.2 Inhaltsangabe

ZUSAMMENFASSUNG

Faust erwacht nach seiner Flucht mit Mephisto und kommt in die große Welt, zuerst an die Kaiserliche Pfalz. Er lernt höfisches Treiben, auch in Form von Mummenschanz, kennen. Der Kaiser will Helena sehen, die Faust von den „Müttern" – sie herrschen im Reich der ewigen reinen Formen – beschafft. Die körperlich sichtbare Helena übertrifft das „himmlisch Bild" im „Zauberspiegel" (V. 2429 f.). Faust wird ohnmächtig und von Mephisto in seine alte Studierstube zurückgebracht. Dort sind Jahre seit Fausts Weggang vergangen. Wagner hat die Stelle Fausts eingenommen und schafft einen Homunkulus. Der rät, um Faust zu heilen, müsse er an die Stätten antiker Kunst und Schönheit gebracht werden. Das geschieht in der klassischen Walpurgisnacht. Helena ist ins Königreich ihres Mannes Menelaos, nach Sparta, zurückgekehrt. Mephisto überwindet Zeit und Raum, führt Faust und Helena zueinander und vereint so Antike und Mittelalter. Faust und Helena bekommen einen Sohn, Euphorion, der „sich in die Lüfte" wirft und tot zu Boden stürzt. Helena kehrt in die Unterwelt zurück, Faust flieht in seine Heimat. Dort stellt er sich auf die bürgerliche bzw. frühkapitalistische Entwicklung ein. Mephisto führt ihn in den Krieg. Der Kaiser siegt, ordnet seinen Staat neu und verleiht Faust für seine Entwürfe und Ideen des Reiches Strand. Fausts Land ist entstanden. Aber was er für Spatengeklirr beim Trockenlegen der Sümpfe hält, ist die Aushebung seines Grabes. Mephisto hat die Wette gewonnen, aber auch verloren. So kann Faust erlöst werden.

Rückblick auf *Faust I*

Der *Erste Teil* muss erinnert werden: die Wette des Herrn mit Mephisto um den beispielhaften Menschen im *Prolog* und die für Fausts gesamtes Leben geschlossene Wette zwischen Mephisto und Faust um den erfüllten Augenblick (V. 1692 ff.).

1. Akt

Nach seinem Heilschlaf kommt Faust an den kaiserlichen Hof, wo Mephisto als Narr wirkt, das Papiergeld erfindet und an einem Maskenzug teilnimmt, der sich als Fausts Werk, der als Plutus dabei auftritt, erweist. Nach der Rettung des Reiches durch das Papiergeld wünscht der Kaiser Helena und Paris zu sehen. Faust holt sie von den Müttern, beide spielen vor der Gesellschaft eine Pantomine. Als Faust Helenas Entführung verhindern will, löst sich alles in Tumult auf. Mephisto rettet den ohnmächtigen Faust.

Anmutige Gegend

In einer „anmutigen Gegend" (vor V. 4613) – eine Parallele zum *Prolog im Himmel* – quält sich Faust im Wachtraum. Er wird von Naturgeistern (Elfen) unter Ariels Führung – entsprechend den Erzengeln – in einem Heilschlaf betreut, der sein Gedächtnis löscht und die Schuld an Gretchen vorerst vergessen lässt. Die aufgehende Sonne führt Faust in ein neues Leben zurück, „verschwunden alle vorhergehende Abhängigkeit von Sinnlichkeit und Leidenschaft"[28]. Er strebt erneut nach dem Höchsten. Als er sich vom „ewigen Licht" „geblendet" (V. 4702) abwenden muss, gibt er sich mit dem „farbigen Abglanz" (V. 4727) zufrieden.

Kaiserliche Pfalz. Saal des Thrones

Kaiserliche Pfalz. Saal des Thrones: Man kann die Zeit des Augsburger Reichstages (1518) annehmen: In seiner Inhaltsskizze (Paralipomenon = Ergänzung, Rest Nr. 70) wird von Maximilian I.

---

28 Goethes Inhaltsskizze von 1816, Paralipomenon 70. In: BA 8, 580.

(1493–1519) gesprochen.[29] *Faust I* endete in einer Kleinstadt, *Faust II* beginnt im Zentrum des Reiches, in dem ein junger, aber unfähiger Kaiser herrscht. Er vermisst den Narren, und Mephisto, vorerst ohne Faust am Hof, ist dafür zur Stelle. Der Kaiser ist auf dem Wege, „sein Land zu verlieren, welches ihm denn auch später wirklich gelingt"[30]. Die höchsten Reichsbeamten berichten von einer unerfreulichen Welt, von Not und Gesetzlosigkeit, leeren Kassen und Kellern. Der Narr weiß Rat, verweist auf verborgene Schätze, die man im Boden suchen solle und für die man vorerst Papiergeld ausgeben kann, das er erfindet. Der Kanzler, ein christlicher Würdenträger, spürt Teuflisch-Atheistisches im Narren (Mephisto), während der Kaiser nur Karneval feiern will.

Weitläufiger Saal

Weitläufiger Saal: Ein Herold kommentiert den Mummenschanz (Maskenzug), darunter auch Dichter, während sich die Romantiker („Nacht- und Grabdichter", vor V. 5299) entschuldigen lassen. Faust erscheint als Gott des Reichtums Plutus[31], Mephisto als Geiz. Faust/Plutus treibt mit dem Kaiser ein „Flammengaukelspiel" (V. 5987) und errettet ihn daraus.

Lustgarten

Lustgarten: Dem Kaiser gefallen solche Spiele. Mephisto unterstützt sein Hochgefühl; es wird verstärkt, als dem Kaiser gemeldet wird, die Schulden seien durch das Papiergeld beglichen. Die Höflinge planen mit dem neuen Geld weiteren Luxus, Glücksspiel und Schuldentilgung. Nur der Narr will sich mit dem Geld „Grundbesitz" (V. 6171) kaufen.

---

29 Ebd., BA 8, 580 (Paralipomenon Nr. 70): Mephisto beschreibt Faust den Reichstag von Augsburg, „welchen Kaiser Maximilian dahin zusammenberufen hat". Gaier nimmt dagegen an, es könnte sich um Karl IV. (1316–78) handeln, vielleicht auch um Franz II., den letzten Kaiser des Heiligen Römischen Reiches Deutscher Nation (vgl. Gaier, S. 34 f.).

30 Eckermann (1. Oktober 1827), S. 363.

31 Das ist erst zu erkennen, als sich Faust und Mephisto für den Mummenschanz verantwortlich sehen (V. 5987 ff.); Goethe bestätigt in einem Gespräch mit Eckermann vom 20. Dezember 1827, das „in der Maske des Plutus der Faust steckt".

Finstere Galerie

Finstere Galerie: Faust verlangt von Mephisto Unterstützung: der Kaiser will Helena und Paris, „das Musterbild der Männer, so der Frauen" (V. 6185) und Anlass zum Trojanischen Krieg, sehen. Mephisto verweist auf **die Mütter** – „Göttinnen thronen hehr in Einsamkeit" (V. 6214). Er gibt Faust einen Schlüssel (V. 6259), der ihn dorthin bringen soll, wo er als christlicher Teufel nichts zu sagen hat.

Hell erleuchtete Säle

Hell erleuchtete Säle: Während Faust unterwegs ist, vertreibt sich Mephisto die Zeit mit Quacksalberei.

Rittersaal

Rittersaal: Der Astrolog lässt, souffliert von Mephisto, Faust mit einem Dreifuß aufsteigen. Paris und Helena erscheinen, als Faust mit Mephistos Schlüssel den Dreifuß der Mütter berührt. Während die Frauen Paris bewundern, vermissen die Ritter an ihm Prinzenhaftigkeit, „Hofmanieren" (V. 6460) und Harnisch (Ritterlichkeit). Es folgt Helena. Faust kann sich nur mit Mühe fassen. Die scheinbar körperlich vorhandene Helena übertrifft das „himmlisch Bild", das „schönste Bild von einem Weibe" im „Zauberspiegel" (V. 2429 f.), das er in der *Hexenküche* des *Ersten Teils* sah. Faust ist in Gefahr, die Wette zu verlieren: Der Tod solle ihn ereilen, „wenn ich mich je von dir zurückgewöhne" (V. 6494). Mephisto erinnert ihn, dass er nur eine Rolle spiele. Helena und Paris führen eine Pantomime auf, zuerst ähnlich dem **Schäferspiel von Endymion und Luna** (V. 6509), nennt der Astrolog dann „das Stück: den *Raub der Helena*" (V. 6548). Als Paris Helena entführen will, verliert Faust die Beherrschung und berührt Paris mit dem Schlüssel; die Geister verschwinden. Faust bricht bewusstlos zusammen. Mephisto rettet den Besinnungslosen aus dem Tumult.

2. Akt

Mephisto hat Faust in sein altes Arbeitszimmer zurückgebracht. Fausts ehemaliger Famulus Wagner ist inzwischen ein berühmter Professor geworden und erschafft gerade den künstlichen Menschen. Dieser, Homunkulus, erkennt, dass Fausts Sehnsucht nach Helena nur in der Antike selbst, der Klassischen Walpurgisnacht zu stillen ist. Er, Mephisto und Faust erleben dort ein Fest historischer und antiker mythologischer Gestalten, bei dem Homunkulus in Liebeserfüllung stirbt, Mephisto sich zu Phorkyas verwandelt und Faust bei Persephone, der Göttin der Unterwelt, Helena sucht.

Hoch gewölbtes enges gotisches Zimmer

Hoch gewölbtes enges gotisches Zimmer: Mephisto hat den ohnmächtigen Faust in seine alte Studierstube zurückgebracht. Jahre sind seit Fausts Weggang vergangen. Wagner hat die Stelle Fausts eingenommen und gilt inzwischen als Erster „in der gelehrten Welt" (V. 6644). Von seinen alchimistischen Versuchen berichtet sein Famulus Nikodemus. Aus dem Schüler des *Ersten Teils* ist inzwischen ein Baccalaureus (unterster akademischer Grad) geworden.

Laboratorium

Laboratorium: Mephisto trifft Wagner dabei an, einen synthetischen Menschen zu erschaffen: Homunkulus. Er kann nur in einer Phiole (Glasflasche) leben, will jedoch sofort tätig sein und beschreibt Fausts Träume: die Zeugung Helenas durch Leda und Zeus in Schwanengestalt. Mephisto kann Fausts Träume von der Antike nicht sehen, weil er nur den Norden kennt. Homunkulus weiß um die Bedeutung des Südens, der Antike. Daraus wird der Gegensatz von Romantik (Mephisto) und Klassik (Homunkulus) (V. 6946 f.). Homunkulus will Faust aus seinen Träumen befreien und seine Wünsche erfüllen. Auf Mephistos fliegendem Mantel will man an die Stätten antiker Kunst und Schönheit, wo gerade „klassische Walpurgisnacht" (V. 6941) sei. Wagner bleibt „betrübt" im Laboratorium zurück.

Klassische Walpurgisnacht

Klassische Walpurgisnacht: Der Prologszene *Pharsalische Felder,* von denen aus jeder der drei „Luftfahrer“ (vor V. 7040) seinen eigenen Weg geht – was simultan geschieht –, folgen vier Szenen am Peneios und an der Ägäis, die Gestalten stammen aus der griechischen Mythologie und führen durch die antiken vier Elemente: Feuer, Wasser, Luft und Erde.

Auf der Suche nach Helena bringt Chiron Faust zu der Sibylle Manto, die bei Goethe die Tochter Äskulaps und eine Heilerin ist[32], damit er von seinem wahnsinnigen Verlangen nach Helena gesunde. Manto geht mit Faust wie einst mit Orpheus in die Unterwelt des Olymp zu Persephone, der Mitherrscherin in der Unter- und Totenwelt, wo Faust um Helena bitten kann.[33] – Inzwischen trifft Mephisto auf die drei Phorkyaden, Sinnbilder des Chaos und von größter Hässlichkeit, die ihre Schwestern, die Gorgonen, bewachen. Sie haben gemeinsam nur ein Auge und einen Zahn, die sie sich gegenseitig leihen (V. 8014). Mephisto nimmt ihre Gestalt an, um sich in der antiken Heroen- und Götterwelt unauffällig bewegen zu können, und wird Phorkyas, „des Chaos viel geliebter Sohn“ (V. 8027), ein Personifikation der Hässlichkeit.

Proteus rät Homunkulus, seine Menschwerdung in der Natürlichkeit des Meeres von vorn zu beginnen; er will ihn als Delfin ins Meer tragen; Thales rät, die Entwicklung zu durchlaufen: „Und bis zum Menschen hast du Zeit“ (V. 8326). Ein Hochzeitszug findet statt. Während Homunkulus auf das Meer hinaus fährt, nähert sich Galatee. Sie treffen aufeinander; in der Vereinigung zerbricht

---

32 Im Mythos ist Manto die Tochter des blinden Sehers Teiresias (Tiresias) aus Theben, dem Zeus die Gabe der Weissagung verliehen hat und der als Beispiel höchsten Alters galt, weil Zeus ihm sieben bis neun Menschenalter gegeben hatte.

33 Die Szene, in der Faust bittet, wurde nicht gestaltet; Eckermann gegenüber sprach Goethe am 15. Januar 1827 davon, dass diese Rede Persephone (lat: Proserpina) „zu Tränen“ gerührt habe. Das sei nicht leicht zu gestalten. Eckermann, S. 256.

Homunkulus‘ schützendes Glas, und er „ergießet sich“ (V. 8473). Es kommt zu einer Huldigung der Elemente.

3. Akt

Helena kehrt mit gefangenen Trojanerinnen nach Sparta zurück. Zum Opfer, das sie für Menelaos vorbereiten soll, ist sie, wie Phorkyas erzählt, selbst bestimmt. Sie rettet sich auf eine mittelalterliche deutsche Burg, auf der Faust herrscht. Faust, Helena und ihr gemeinsamer Sohn Euphorion leben in der Kunstwelt Arkadien. Der nach höchstem Ruhm strebende Euphorion stürzt tödlich ab, Helena kehrt in die Unterwelt, Faust in seine nördliche Heimat zurück.

Vor dem Palaste des Menelas zu Sparta

Vor dem Palaste des Menelas zu Sparta: Helena und gefangene Trojanerinnen finden nach einer lange dauernden Rückfahrt von Troja ein leeres „Königshaus“ (V. 8605), ihre Heimat, vor. Die Rückfahrt wurde durch Menelaos‘ Raubzüge (V. 8985) nochmals so verlängert, dass sich inzwischen „ein kühn Geschlecht“ (V. 8999) ansiedelte und eine Burg auftürmte. Was hinter Helena liegt – Entführung, Trojanischer Krieg, Irrfahrten – möchte sie verdrängen, zumal die Sage „sich zum Märchen spann“ (V. 8515). Helena soll für Menelaos ein Opfer vorbereiten, von dem sie nichts Näheres weiß. Im Palast trifft sie auf ein abstoßendes „verhülltes großes Weib“ (V. 8676): Phorkyas-Mephisto. Sie enthüllt ihr, nachdem sie Helenas zahlreiche Liebesbeziehungen aufgelistet hat, dass Helena das Opfer sei: Sie werde „fallen (...) durch das Beil“ (V. 8925), „einen edlen Tod“ (V. 8927) sterben, ihre Begleiterinnen würden dagegen „am hohen Balken drinnen“ zappeln „der Reihe nach“ (V. 8928 f.). Phorkyas weiß Rettung bei dem „kühn Geschlecht“ (V. 8998) von Barbaren unweit Spartas auf „unersteiglich feste(r) Burg“ (V. 9001). Als „Trompeten in der Ferne“ erklingen, Menelaos‘ Ankunft bevorsteht und Phorkyas-Mephisto Helenas Schicksal in den schlimmsten Details schildert, werden Helena und ihre Trojanerinnen auf eine mittelalterliche deutsche feudale Herrschaft in Griechenland[34] gezaubert. –

Innerer Burghof

Innerer Burghof: Helena wird mit ihrem Gefolge „würdig, o würdig, dreifach würdig" (V. 9180) empfangen. Faust tritt ihr als Ritter entgegen. Der gefesselte Lynceus[35], der – geblendet von Helenas Schönheit – ihre Ankunft nicht rechtzeitig gemeldet hat, wird von ihr begnadigt. Sie beklagt, überall die Männer zu irritieren. Lynceus präsentiert die Schätze des Eroberungszuges nach Griechenland und widmet sie Helena. Die beruft Faust als „Mitregenten" des „grenzunbewussten Reichs" (außer Zeit und Raum, V. 9362) und lernt von Faust den ihr bisher unbekannten Reim. Schnell kann sie statt in ungereimten antikischen Trimetern in gereimten Versen sprechen. Die Gefahr der anrückenden Truppen Menelaos', wird beseitigt durch Fausts Kämpfer. Die fünf beteiligten Stämme Germanen, Goten, Franken, Sachsen und Normannen belehnt er mit griechischem Land. Der Chor dankt Faust für seine Umsicht und Klugheit, der eine arkadisch-paradiesische Zukunft entwickelt, wo „das Wohlbehagen erblich" (V. 9550), wo Götter und Menschen eins sind, die Throne sich zur Laube wandeln und das Leben das „heiterste Geschick" ist (V. 9571).

Schattiger Hain

Schattiger Hain: Faust und Helena vervollkommnen ihr Glück in Arkadien, einer Kunst- und Sehnsuchtslandschaft: Phorkyas berichtet, dass Helena Euphorion, „ein Genius ohne Flügel" (V. 9603), geboren habe, der sich maßlos gebärde und dessen größtes Verlangen von Beginn an das Fliegen gewesen sei. Euphorion vergnügt

---

34 Historisches Beispiel: 1204 gründeten Kreuzritter nach der Eroberung Konstantinopels eigene Staaten. 1207 entstand das Herzogtum Achaia, dessen Herrschaftssitz die Burg Mistra unweit Spartas war. Die Romantik bediente sich gern dieser Szenarien. Vgl. Goethe/Meyers Aufsatz *Neudeutsche religios-patriotische Kunst*. (BA 20, 58–83, besonders 69).

35 L. ist in verschiedener Tätigkeit aufgenommen: als Steuermann der Argonauten (V. 7377 ff.), als Turmwächter im 3. Akt und als Turmwächter im 5. Akt.

sich, kann sich aber nicht mäßigen. Er tanzt, singt und erobert eine „derbe Kleine", „Zu erzwungenem Genusse. / Mir zur Wonne, mir zur Lust" (V. 9795 f.). Er stürmt auf Felsenhöhen, sucht die Gefahr des Kampfes („... der Tod / Ist Gebot", V. 9888 f.) – dieser Kampf ist zeitgenössisch als griechischer Freiheitskampf gegen die Türken zu denken und der Tod Byrons 1824 bestimmt die Szene zeitlich –, „wirft sich in die Lüfte" (vor V. 9901), der Chor vergleicht ihn mit Ikarus. Er stürzt tot zu Füßen seiner Eltern nieder, „... das Körperliche verschwindet sogleich" (nach V. 9902). Helenas und Fausts Beziehung endet, weil „Glück und Schönheit dauerhaft sich nicht vereint" (V. 9940): Sie kehrt mit Euphorion in die Unterwelt zurück, nur „Kleid und Schleier bleiben ihm [Faust, R. B.] in den Armen" (nach V. 9944). Faust flieht auf Helenas Gewand in die Heimat. Die „Mädchen" Helenas gehen als Elementargeister in die „ewig lebendige Natur" (V. 9989) ein, Mephisto legt die Maske der Phorkyas ab.

4. Akt

Faust trifft wieder in der Welt des Kaisers, in der Renaissance, ein und entscheidet mit Mephistos allegorischen Helden und zahlreichen Geistern den Krieg mit dem Gegenkaiser zu des Kaisers Gunsten. Belohnt mit einem Lehen wird er Grundbesitzer. Nachdem die weltlichen Fürsten beschenkt worden sind, fordert der Erzbischof für die Kirche umfassenden Anteil an Land und Besitz, zudem schon „Zehnten" und „Zins" des Landes, das Faust erst schaffen wird.

Hochgebirge

Hochgebirg: Faust landet mit einer Wolke, dem Gewande Helenas, in einem unwirtlichen Hochgebirge.[36] Durch „ein entzückend Bild" (V. 10058) erinnert sich Faust an Gretchen.[37] – Er stellt sich auf die frühkapitalistische Entwicklung ein und erklärt: „Herrschaft gewinn ich, Eigentum!" (V. 10187), dem Meer will er Land abringen. Ein neuer Abschnitt von Fausts Streben und die letzte Kraftprobe in der Wette beginnen. Das Reich des Kaisers, dem Mephisto durch das Papiergeld geholfen hatte, ist in Anarchie versunken (V. 10261); ein von der Kirche unterstützter Gegenkaiser wurde ausgerufen. Die Entscheidungsschlacht steht bevor. Der Kaiser, so hoffen Mephisto und Faust, würde nach einem Sieg freigiebig („Leh'n von grenzenlosem Strande", V. 10306) sein. Mephisto hat für die Schlacht „die drei Gewaltigen" (vor V. 10323), alttestamentarische Helden (aus dem Gefolge Davids)[38], beschworen: Sie sollen kämpfen (Raufebold), erobern und nehmen (Habebald), schließlich behalten und vermehren (Haltefest). Sie symbolisieren den modernen Krieg, sind aber auch die Verkörperung dreier Menschenalter: Jüngling, Mann und Greis.

Auf dem Vorgebirg

Auf dem Vorgebirg: Der Plan des Kaisers, den Gegenkaiser im Zweikampf „ins Totenreich" (V. 10472) zu stoßen, wird von der Gegenseite als „Possen" (V. 10492) abgelehnt. Faust bietet dem Kaiser mit seinen „drei Gewaltigen" Hilfe an. Mephisto hilft durch Gespenster, die er in den „Waffensälen ringsum" ausgerüstet hat (V. 10556). Der Kaiser erkennt die Magie in der Schlacht. Undinen

---

36 Im 19. Jahrhundert wird das Gebirge zum Sinnbild höchster Reinheit, Geistigkeit und erstrebenswerter moralischer Lauterkeit, die aber, strebt man konsequent nach ihr, tödlich für den Strebenden sein kann. Ein eindrucksvolles Beispiel bietet Henrik Ibsens Werk von *Brand* (1866), oft mit Goethes *Faust* verglichen, bis zu *Wenn wir Toten erwachen* (1899), wo der Weg ins Hochgebirge tödlich ist.

37 Im Paralipomenon 106 vereint die „Wolke: Helena, Gretchen", Helena (nach Südosten) und Gretchen (nach Nordwesten), BA 8, 612.

38 Goethe verwies auf 2. Samuel 23, 8; in den folgenden Abschnitten 9–13 werden sie beschrieben. Den Namen Raubebald-Raufebold übernahm er von dem Propheten Jesaja (8, 1–3). Die Marketenderin Eilebeute, die zu ihm gehört (V. 10531 ff.), ist bei Jesaja die Mutter des Raubebald.

müssen zum Schein Wasser vom Berge stürzen lassen, um den Feind zu verwirren. Zwerge sollen Wetterzeichen und Flammenspuk inszenieren, damit die Feinde „Tritt und Schritt ins Ungewisse" gehen (V. 10759). Zu Wasser und Feuer soll „Schreckgetön" (V. 10763) kommen, das die Gespenster in den hohlen Rüstungen auslösen.

Des Gegenkaisers Zelt

Des Gegenkaisers Zelt: Habebald und die Marketenderin Eilebeute, die Habebald begleitet, rauben des Gegenkaisers Schätze sowie den Sold des Heeres. Der Kaiser ordnet als Sieger seinen Staat neu. Nachdem weltliche Fürsten zu Erzmarschall, Erzkämmerer, Erztruchsess und Erzschenk befördert wurden und gegangen sind, wirft der Erzkanzler und Erzbischof dem Kaiser vor, „mit Satanas im Bunde" (V. 10982) gesiegt zu haben und dadurch die Strafe des Papstes heraufzubeschwören. Um die zu verhindern, fordert er große Teile des kaiserlichen Besitzes: einen Dom an der Stelle des „entweihte(n) Raum(s)" (V. 11005), Ländereien, Gold aus dem „Beuteschatz" (V. 11028), Dienstleistungen des Volkes („die Fuhren tut das Volk", V. 11031), „Zehnten, Zins und Gaben und Gefälle" (V. 11038) des Landes, das es noch gar nicht gibt. – Dadurch wird das Faust überlassene Land schon vor seiner Existenz der Kirche tributpflichtig; seine Bewohner geraten in neue Abhängigkeit. Nutznießer des teuflischen Sieges von Faust und Mephisto ist die katholische Kirche.

5. Akt

Faust hat dem Meer Land abgerungen und kolonisiert es, rücksichtslos gegen Opfer wie Philemon und Baucis. Faust, der neue Kolonisationen einleiten will, erblindet, von der Sorge angehaucht. Seine letzte Utopie wird zum Irrtum: Die Spaten, die er hört, legen keine Sümpfe trocken, sondern schaufeln Fausts Grab. Faust stirbt. Himmlische Scharen entführen sein Unsterbliches und bringen es in himmlische Höhen.

Offene Gegend

Offene Gegend: Faust ist sesshaft geworden, sein Land ist mit Mephistos Hilfe entstanden. Dort wohnen Philemon und Baucis – im antiken Mythos berühmt für ihre auch im hohen Alter unzerstörbare Liebe – in ihrer „Hütte" (V. 11048) und vertrauen „dem alten Gott" (V. 11142). Ein „Wanderer"[39], den sie einst retteten, kommt um zu danken zurück. Er findet statt des wilden Meeres ein „paradiesisch Bild" (V. 11086), in dem Baucis Dämonisches spürt, geschaffen durch Faust, der selbst in einem „Palast" lebt.

Palast

Palast: Faust, inzwischen hundertjährig[40], ist erzürnt, dass Philemon und Baucis mit ihrem kleinen Besitz, den er selbst gern hätte, seinen „Weltbesitz" verderben (V. 11242). Die Einfachheit und Rechtschaffenheit der beiden Alten stört Fausts „Gewinn" (V. 11270).

Tiefe Nacht

Tiefe Nacht: Mephisto und seine „drei gewaltigen Gesellen" lösen das Problem und haben die beiden Alten und den Wanderer „behende (...) weggeräumt" (V. 11361).

Mitternacht

Mitternacht: Aus dem Rauch der verbrannten Hütte bilden sich vier graue Weiber[41]: Mangel, Schuld, Sorge und Not kündigen Faust den Tod an. Die Sorge haucht Faust an, der erblindet.

Großer Vorhof des Palasts

Großer Vorhof des Palasts: Fausts Orientierung hört auf: Als er Spatengeklirr hört, meint er, es handele sich um Arbeiten für seine Aufträge, und entwirft seine große Utopie des freien Volkes auf

---

39 Der „Wanderer" ist in Goethes Werk oft vorhanden und wirkt wie sein Alter Ego. Bereits in Frankfurt nannte man ihn den „Wanderer" (BA 13, 560 f.), bekanntestes Beispiel sind die beiden Gedichte *Wandrers Nachtlied* von 1776 und 1780 (BA 1, 68), die Goethe in sehr privaten Umständen zeigen. So erscheint der Wanderer auch hier, der auf heimatliche Linden verweist und eine Stimmung der Gemeinsamkeit und Ausgeglichenheit schafft, in der klassische Ruhe zur Voraussetzung eines glücklichen Lebens wird. Diese Form des Lebens ist in der Welt Fausts vorbei; es erfolgt ein radikaler Epochenwechsel, in dem neben Philemon und Baucis der Wanderer zuerst verstummt, dann stirbt (V. 11364 f.).

40 Goethe sagte am 6. Juni 1831 zu Eckermann, der Faust des 5. Aktes solle einhundert Jahre alt sein.

41 Ähnliche Gruppierungen sind in der Antike mehrfach belegt. In der *Aeneis* Vergils (6. Buch, V. 273 ff.) lagern vor dem Eingang in den Orkus Gram, Sorge, Furcht und Hunger, auch Armut und Mühsal.

freiem Grund. Im Glauben daran stirbt er. Tatsächlich aber schaufeln Lemuren[42] sein Grab, und die Menschen sind bereits wieder in Abhängigkeit gefangen.

Grablegung

Grablegung: Während Mephisto seine Höllenkräfte herbeiruft und sich der „gräuliche Höllenrachen" öffnet (vor V. 11644), um Faust aufzunehmen, erscheint die himmlische Heerschar. Eine Engelschar drängt Mephisto „ins Proszenium", vom Theater in die Wirklichkeit der Vorbühne, zurück und entführt „Faustens Unsterbliches" (nach V. 11824). Zurück bleibt ein enttäuschter und über sich selbst wütender Mephisto.

Bergschluchten

Bergschluchten: In einer idealen Landschaft leben Anachoreten (Einsiedler), die sich dem ewigen Heil verschrieben haben. Die Szene steigt stufenweise in höhere Bereiche bis in die Region der Mater gloriosa, der Himmelskönigin. Fausts Seele wird in diesem kaum fassbaren Raum geläutert und zu dem ebenfalls geläuterten Gretchen geführt. Der mystische, geheimnisvolle und übersinnliche Schlusschor bestätigt die Mater gloriosa: So wie Faust von Gretchen in die höheren Sphären gezogen wird, so gilt es für alle: „Das Ewig-Weibliche / Zieht uns hinan." (V. 12110 f.) Sinnbild des Ewig-Weiblichen ist Gretchen.

---

42 Goethe spricht in seinem Aufsatz *Der Tänzerin Grab* (1812) vom „widerwärtigen Zustand" der Lemuren und dem „lemurischen Scheusal". In: BA 20, 9 f.

3.3 Aufbau

ZUSAMMEN-FASSUNG

Die Fünfaktigkeit ist formal und führt nicht zu einer aristotelischen Gliederung. Dafür wirkt eine aufwändige Stationenfolge, die Faust mit wesentlichen Bereichen des Lebens wie Finanzwirtschaft, Wissenschaft, Kunst, Kriegstechnik bekannt macht und ihn mit Möglichkeiten der Vergangenheit und der beginnenden Moderne konfrontiert. Eine Ausnahme bildet der 3. Akt, der einmal eine Funktion im Gesamtablauf erfüllt, zum anderen aber auch eine aristotelische Struktur hat. Erfüllt wird die Angabe „Tragödie", denn Faust ist bis zuletzt ein Scheiternder.

Fünfaktigkeit und relative Selbstständigkeit der Akte

Fünfaktigkeit nur äußerlich

Faust. Der Tragödie zweiter Teil ist in fünf Akte gegliedert. Das Stück entspricht damit äußerlich dem antiken aristotelischen Theater, den klassizistischen französischen Beispielen und dem deutschen klassischen Drama. Die **Fünfaktigkeit** des *Faust II* ist aber nur eine formale Erfüllung aristotelischer Dramaturgie; die innere Beziehung der Akte ist eine andere. Das wird erkennbar an der Präsenz Fausts, der nur in den beiden letzten Akten entscheidender Handlungsträger ist. Goethe gestand den einzelnen Akten, hier meinte er den 4. Akt, „eine für sich bestehende kleine Welt" zu, die „das Übrige nicht berührt und nur durch einen leisen Bezug zu dem Vorhergehenden und Folgenden sich dem Ganzen anschließt"[43].

Leerstellen

Lücken zwischen den Akten, um eine steigende oder fallende Handlung aufzubauen, werden nicht gefüllt, so die zwischen dem

43 Eckermann (13. Februar 1831), S. 588.

2. und 3. Akt: Faust geht in der Walpurgisnacht mit Manto, der Tochter Äskulaps, zu Persephone in die Unterwelt auf die Suche nach Helena, zu Beginn des 3. Aktes ist Helena anwesend. Andere Leerstellen betreffen die Einführung des Papiergeldes, Fausts Weg zu den Müttern u. v. a. Anderes wird eingeführt, aber nicht ausgeführt: Im Maskenzug sind es die romantischen Dichter, die (absichtlich?) ohne Text bleiben. Fausts Belehnung wurde gedichtet, aber nicht aufgenommen (BA 8, 643). Die Lücken sind die Folge von Goethes Absicht, jene Stellen zu entwickeln, die ihn interessierten; nicht ausgeführte Szenen fordern den „mitgestaltenden" Zuschauer. Ungeklärte Vorgänge – wie und warum kommt Faust z. B. an den Kaiserhof? – verhindern einen aristotelischen Handlungsablauf, der mit einer Exposition beginnt und über steigende Handlung, Höhepunkt, Peripetie und fallende Handlung (Dramendreieck, pyramidale Struktur) zur Katastrophe führt. Ein derartiger Aufbau findet sich nur im relativ selbstständigen 3. Akt, der formal der griechischen Tragödie ähnelt.

Das Werk als Tragödie

Faust als Scheiternder

Die inhaltlichen Bedingungen einer Tragödie werden dagegen vom gesamten Stück erfüllt: Dabei muss eine Hauptperson nicht körperlich untergehen, sondern mit ihrem Konflikt scheitern und beim Zuschauer Furcht und Mitleid (Schaudern und Jammer) wecken[44], die durch die Katharsis – in der Bedeutung von Läuterung und Reinigung der Leidenschaften beim Zuschauer, aber auch bei den handelnden Gestalten – dialektisch aufgehoben und in ein vernünftiges Verhalten übertragen werden. Faust ist ein Scheiternder: Zu der Er-

---

44 Die Begriffe sind seit Aristoteles wegen der möglichen Übersetzungsvielfalt umstritten; die für die vorliegende Interpretation gültige Bestimmung gab Gottfried Ephraim Lessing in der *Hamburgischen Dramaturgie*. Vgl. aber auch: Manfred Fuhrmann: *Nachwort*, in: Aristoteles: *Poetik*. Stuttgart: Reclam, 2010 (RUB Nr. 7828), S. 162 f.

kenntnis, „was die Welt / Im Innersten zusammenhält“ (V. 382 f.), weshalb er die Wette geschlossen hat, findet er nicht. Als er sich bei der Begegnung mit Helena im 1. Akt der Erfüllung nahe glaubt, muss ihn Mephisto korrigieren: „... fallt nicht aus der Rolle!“ (V. 6501); sein Schlussmonolog, wo er sich fast am Ziel sieht, ist ein Irrtum. Fausts Erlösung rettet seine Seele, bringt ihm aber nicht die erstrebte Erkenntnis; insofern ist Faust ein in der kleinen und der großen Welt, privat und gesellschaftlich Gescheiterter, ein tragischer Held. Goethe beschrieb in *Helena. Zwischenspiel zu „Faust“. Ankündigung* (1826) diese Tragik:

> Faust „stellt einen Mann dar, welcher, in den allgemeinen Erdeschranken sich ungeduldig und unbehaglich fühlend, den Besitz des höchsten Wissens, den Genuss der schönsten Güter für unzulänglich achtet, seine Sehnsucht auch nur im Mindesten zu befriedigen, einen Geist, welcher deshalb, nach allen Seiten hin sich wendend, immer unglücklicher zurückkehrt.“ (BA 8, 587)

Unerreicht bleibender „erfüllter Augenblick“

Fausts Tragödie besteht in beiden Teilen darin, dass er sein Ziel, den „erfüllten Augenblick“, nicht erreicht, sondern sich in fortwährenden Spannungen bewegt. Selbst als es im 3. Akt den erfüllten Augenblick in arkadischer Ruhe fast gibt, wird der Ansatz durch Krieg zerstört, den griechischen Freiheitskampf, in den sich Euphorion begeben will, und durch seinen Tod.

Goethe sah in seinem Brief über *Faust* vom 17. März 1832, der zugleich sein letzter überhaupt wurde, in dem Stück die „sehr ernsten Scherze“, eine dialektische Sicht auf das tragische Geschehen, das sich zum tragikomischen steigert: Es löst sich alles in Wohlgefallen auf, aber nichts ist erreicht. Mephisto hat keine Seele erhalten, Fausts Erlösung aber ist „das Unzulängliche“ (V. 12106), zum Ereignis geworden. „Erfolg hat Faust erst, als er sich vom Prinzip der

Verneinung verneinen lässt, indem er den Geist des ausgesprochenen Satzes verneint. In diesem letzten tragischen Akt wird dann das Prinzip der Verneinung komisch."[45]

Die aristotelische Struktur des 3. Aktes

Nur der 3. Akt, als *Helena. Klassisch-romantische Phantasmagorie*[46] 1827 veröffentlicht, folgt der aristotelischen Struktur. Inhaltlich hat Goethe die Beziehungen zum *Orestes* des Euripides ausgearbeitet; bis zum Auftreten Fausts „ist der Helena-Akt im Wesentlichen ein ‚euripideisches' Drama"[47]. Der Akt wird rhythmisch und semantisch, grammatisch und stilistisch wie eine griechische Tragödie mit einer ausführlichen Exposition eröffnet (V. 8488 ff.). Ihr folgt die steigende Handlung, in der Helena nicht nur ihre historische Schuld erkennt, sondern auch die Bedrohung, von Menelaos geopfert zu werden. Der Höhepunkt ist die Begegnung und Vereinigung mit Faust. Es schließt sich die fallende Handlung in Arkadien an (V. 9574 ff.), die mit der Katastrophe (Tod Euphorions, Helenas Rückkehr in die Unterwelt, Fausts Flucht in seine Heimat) endet. Sogar ein Epilog wird angedeutet, „insofern es nötig wäre" (nach V. 10038). Auch rhythmisch erinnert der Chor an das antike Drama (Euripides: *Troerinnen*): Neben **dem jambischen Trimeter** (sechs Hebungen; lat.: Senar) für den Monolog (V. 8488 ff.) und als Dialogversmaß (V. 8754 ff.) erinnert die Stichomythie (Verswechselrede von zwei Personen) an antike Dialoge, aber auch an Calderon. Der Platz vor dem Palast ist der bevorzugte Handlungsort, die Selbst-

Euripideisches Drama

---

45 Ulrich Gaier: *„Dass sie vom Bösen / froh sich erlösen". Moderne Anthropologie in Goethes Faust*. In: Jaeger u. a. (Hrsg.), S. 35.

46 Phantasmagorie: Geistererscheinungen und gespensterhafte Gestalten, die mit Hilfe technischer, meist optischer Geräte wie der Laterna Magica geschaffen werden. Sie wurden zuerst 1798 in Paris aufgeführt.

47 Volker Riedel: *Antike*. In: Goethe-Handbuch, Band 4/1, S. 67, ein für die Behandlung von *Faust II* empfehlenswerter Aufsatz.

vorstellung, hier die Helenas, ein beliebtes Mittel der Personeneinführung des antiken Schauspiels. Der 3. Akt ist Stück im Stück und das Zentrum von *Faust II*. Goethe bestätigte 1826, dass er die drei Einheiten (Ort, Zeit, Handlung) in vollem Bewusstsein komponiert habe; *Helena* spiele, „ohne den Ort zu verändern, gerade dreitausend Jahre" (BA 8, 693), vom Trojanischen Krieg 1200 v. d. Z. bis zum griechischen Freiheitskampf 1821 bis 1829.

Weitere Gestaltungsmittel

Neben der griechischen Tragödie finden Gestaltungsmittel Eingang, die nicht strukturbestimmend sind. Sie verweisen auf die Vielfältigkeit europäischer Kulturtraditionen: Auf Fausts mittelalterlicher Burg verwendet der Turmwärter Lynceus die **Form des Minnelieds** (V. 9218 ff.), in das er **Elemente persischer Liebeslyrik** einfügt: „Ging auf einmal mir die Sonne / Wunderbar im Süden auf." (V. 9224 f.) ähnelt dem Distichon, das Goethe vom osmanischen Dichter Sultan Selim I. für den Vorspruch zum Buch *Suleika* im *West-östlichen Divan* (BA 3, 83 und 738) in der Übersetzung von Heinrich Friedrich von Diez entlehnte. **Singspielelemente** finden sich (V. 9659 ff.); **Tanzeinlagen** und opernähnliche Szenen (V. 9755 ff.) beziehen sich auf Traditionen des Barocktheaters. Durch diese Vielzahl künstlerischer Bausteine, die sich der aristotelischen Grundordnung anfügen, nimmt der 3. Akt ebenso eine Sonderstellung ein wie durch seine Stellung im Gesamtwerk, die Goethe als „Achse" bezeichnete, „auf der das ganze Stück dreht"[48].

Stationenfolge statt dramaturgischer Entwicklung

Eine „Art von durchgehender Schnur"

Für das gesamte Werk treten an die Stelle dramaturgischer Entwicklung fünf relativ selbstständige Handlungen, die eine Stationenfolge bilden. Es sind „lauter für sich bestehende kleine Weltenkreise, die, in sich abgeschlossen, wohl aufeinander wirken, aber doch einan-

48 Goethe an Boisserée (19. 1. 1827), vgl. Schmidt, S. 235.

der wenig angehen"; die Handlung von *Faust II* war eine „Art von durchgehender Schnur"[49], wie es Eckermann sah, auf der wesentliche Lebensbereiche gereiht wurden: Ökonomie und Finanzwirtschaft, Naturwissenschaft, Kunst, Militärtechnik und Kriegführung sowie Kolonisation (Gesellschaftsstruktur). In jedem Bereich erfolgen Konfrontationen zwischen Vergangenheit und Gegenwart, Überholtem und Modernem; alles bewegt sich auf einem Zeitstrahl von der mythologischen Antike bis zur Gegenwart Goethes:

Von der Antike bis zur Gegenwart

→ Im 1. Akt wird die bisherige Münzwirtschaft durch das Papiergeld abgelöst, das Bankwesen gewinnt an Bedeutung. Der Geschäftsverkehr verändert sich grundsätzlich.
→ Im 2. Akt tritt an die Stelle der bisherigen Alchemie die moderne organische Chemie. Wagner erprobt sich experimentell an der Zusammensetzung der Natur: In dem Glaskolben „erglüht es wie lebendige Kohle" (V. 6825). Geschlossene Glasbehälter und Kohle weisen auf Lavoisier hin, der mit der Oxidation der Kohle die moderne Chemie begründete.[50] In die Szene sind, nach Albrecht Schöne, auch Friedrich Wöhlers Versuche zur Harnstoffsynthese von 1828 eingegangen; dabei entstand der erste organische Stoff[51], die organische Chemie war geboren.
→ Im 3. Akt folgt der Kunst der Antike die Kunst der Moderne, die der Renaissance und der Romantik, die die Antike in sich aufheben. Dichtung wird im Freiheitskampf eingesetzt.

---

49 Eckermann (13. Februar 1831), S. 588.

50 Wagners Labor wird in der Literaturwissenschaft unterschiedlich bewertet: Gaier sieht ein Alchemistenlaboratorium und in der Erschaffung Homunkulus' die Tat eines Alchemisten (Gaier, S. 90 f.), Schmidt versteht das Labor als Demonstration des Fortschritts „am Beginn der Neuzeit", der mit „den großen technischen und naturwissenschaftlichen Erfindungen" (Schmidt, S. 217) einhergeht. Die Lösung ist dialektisch: Zwar arbeitet Wagner noch in einem Labor „im Sinne des Mittelalters" (vor V. 6919), aber seine Mittel und Methoden entsprechen der Neuzeit (V. 6848 ff.). Vgl. Fußnote 52.

51 Vgl. Goethe: *Faust*. In: Frankfurter Ausgabe, Abt. 1, Bd. 7,2: Kommentare. Hrsg. von Albrecht Schöne. Frankfurt am Main: Deutscher Klassiker Verlag, 1994, 4., überarbeitete Auflage, S. 506 f.

- Im 4. Akt tritt an die Stelle mächtiger Ritterheere das moderne militärische Ingenieurwesen mit der französischen Tirailleurtaktik, wo in lockerer Linie und entsprechend den Geländeverhältnissen angegriffen wurde. Die frühere Kampfordnung der Phalanx (V. 10520–10553) wird aufgegeben. Nach Goethes Auffassung musste Faust, wolle er sein Ziel erreichen, auch ein Kriegsherr sein, denn ohne Armee werde man nie, wie Napoleon beweise, „zur höchsten Gewalt emporsteigen können“[52].
- Im 5. Akt tritt an die Stelle des privaten Kleineigentums das kapitalistische Eigentum, an die Stelle der Einzelbesiedlung die Kolonisation, an die Stelle der bescheidenen Zufriedenheit der grenzenlose Anspruch (s. S. 123 f. der vorliegenden Erläuterung).

Sonderstellung der *Klassischen Walpurgisnacht* (2. Akt)

Handlungszeit

Über diese prägende Inhalte hinaus gelangen die einzelnen Akte auf einer Zeitschiene aus dem Mythos bis in die Gegenwart: Der 1. Akt führt in die mythischen Anfänge, zu den Müttern, zurück. Im 2. Akt ist die **Klassische Walpurgisnacht** ein in sich geschlossener Vorgang. Als Ort werden die „Pharsalischen Felder“ angegeben. Auf ihnen spielten sich Schlachten ab, die letzte von Bedeutung, Caesars Sieg über Pompejus, 48 v. d. Z., wird angesprochen (V. 7465), die Walpurgisnacht huldigt dem Jahrestag der Schlacht. Die Handlungszeit des 2. und 3. Aktes reicht vom griechischen Mythos etwa 1200 v. d. Z. bis zu Lord Byrons Tod 1824 und der Julirevolution 1830. Die frühe Zeitgrenze, der Trojanische Krieg, 1200 v. d. Z., wird mehrfach berührt und ist zudem der Übergang von der mythischen zur faktografischen Geschichtsschreibung: Einerseits mündet my-

52 Eckermann (2. April 1829), S. 467.

thisches Geschehen in diesen Krieg (der Streit der Göttinnen, der Fluch der Tantaliden usw.), andererseits ist der Krieg historisch beschreibbar, die Orte sind auffindbar. Am Ende werden der griechische Freiheitskampf 1823/24 und die Julirevolution in Frankreich 1830 im Symbol des Erdbebens einbezogen.

Simultaneität

Eine Gliederung der *Klassischen Walpurgisnacht* erfolgt durch ihre Simultaneität; die Szenen spielen sich gleichzeitig ab. Das ist Absicht: In einer Walpurgisnacht soll die Orientierung verloren gehen. Die Ordnung wird durch den Peneios gegeben, den in Bewegung befindlichen Fluss, und durch den Ort, der an entscheidende Schlachten erinnert und ihnen durch die Erinnerung Dauer verleiht. Bewegung und Dauer prägen die Walpurgisnacht.

Gestalten in aufsteigender Ordnung

Eine zweite Gliederung lässt die auftretenden Gestalten in aufsteigender Ordnung erscheinen. Von niedrigsten, halb tierischen Wesen, auch voller Hässlichkeit und Ekel, aber der Natur nahe, gelangt Homunkulus bis zur Inkarnation höchster körperlicher Schönheit, zu Galatea. Dennoch bleibt das Gesamtgeschehen in den niederen Welten des Mythos; Götter erscheinen nicht. Homunkulus wird durch Proteus ins Meer geschickt und soll die Metamorphose vom niedrigsten zum höheren Lebewesen durchmachen: „Im weiten Meere musst du anbeginnen!“ (V. 8260). Er soll nachholen, was die künstliche Schöpfung ihm verwehren musste: den sozial geprägten Gemeinsinn des Menschen. Seine künstliche Existenz vereinigt sich mit Schönheit, Natur und Meer als der Wiege des Lebens, geht in die Elemente ein, bleibt aber im Mythos.

Der 4. Akt hat als rhythmische Besonderheit u. a. den Alexandriner, der bis in die Jugendzeit Goethes das herrschende Versmaß der Dramatik war. Der 4. Akt benutzt in den letzten 193 Versen das damals bereits verdrängte und aus der Literatur ausgeschiedene Versmaß (V. 10849 ff.). Das erinnert an die Starre des klassizistischen Dramas, markiert aber besonders „in seiner Altertümlichkeit die Sphäre der Restauration formal“[53].

Allegorien, Entsprechungen und Parallelen

Teichoskopie

Eine dramaturgische Besonderheit ist eine **Mauerschau** (Teichoskopie) am Ende des *Mummenschanzes* im 1. Akt: Der Herold erzählt, dass Kaiser und Hof beinahe in Flammen aufgehen (V. 5930 ff.). Es bleibt in der Schwebe, ob der Brand karnevalistisches Spiel oder Allegorie eines historischen Vorgangs ist und eine symbolische Dimension bekommt: 1806 ging das Heilige Römische Reich Deutscher Nation unter, am 6. August legte Franz II. von Habsburg (1768–1835) die römisch-deutsche Kaiserkrone nieder, nachdem er schon 1804 als Franz I. den Titel eines „Kaisers von Österreich“ angenommen hatte. Die Niederlage Preußens bei Jena und Auerstädt besiegelte den Vorgang. Bei einer Mauerschau ist der Zuschauer nicht Zeuge des Geschehens, sondern es wird ihm berichtet. Auch von der Schlacht des Kaisers gegen den Gegenkaiser erfährt der Zuschauer auf diese Weise (V. 10503 ff.).

Maskenzug als Allegorie

Eine große **Allegorie**[54] ist der Maskenzug: Anschauungen, Erkenntnisse, Voraussagen und Denkvorgänge werden in Bilder übersetzt. Für den Leser oder Zuschauer sind die Bühnenereignisse auslegungs- und deutungsbedürftig. Das ist Absicht: Der Maskenzug soll die Welt als undurchschaubar und unerkennbar, aber farbig und unterhaltsam, als dilettantisch und abenteuerlich charakterisieren. Der Herold, als Einziger maskenlos, beschreibt äußerliche Abläufe, die er nicht versteht und weshalb er sich später von Plutus / Faust leiten lässt (V. 5500 ff und 5920 ff.).

---

53 Schmidt, S. 335.

54 Goethe beschrieb um 1807 die Allegorie: „Die Allegorie verwandelt die Erscheinung in einen Begriff, den Begriff in ein Bild, doch so, dass der Begriff im Bilde immer noch begrenzt und vollständig zu halten und zu haben und an demselben auszusprechen sei.“ Goethe: *Maximen und Reflexionen* (Aus dem Nachlass). In: BA 18, 638.

Orientierungs-funktion

Entsprechungen und Parallelen ermöglichen in der schwer überschaubaren Handlung von *Faust II* die Orientierung. Waren es im *Faust I* die Erzengel, die die Sonne begrüßen, so öffnen nun Naturgeister und antike Horen die Himmelstüre und begrüßen die Sonne. Gemeinsam ist beiden Szenen, dass Geister (Erzengel, Elfen) auftreten und der Sonne gehuldigt wird, die „tönt" (V. 243) bzw. „ungeheures Getöse" (vor V. 4666) kündigt sie an.

An die Stelle Gottes ist die Natur getreten. Auch erleichtern die phantastischen Vorgänge im *Faust II* das Verständnis, wenn man in ihnen (Mummenschanz, Klassische Walpurgisnacht u. a.) symbolhafte Vorgänge annimmt und diese zu entschlüsseln versucht. Fausts Grablegung orientiert sich an mittelalterlichen Vorstellungen, wie sie sich in Dantes *Göttlicher Komödie*, auch in Bildern bieten, auf denen das Weltgericht, Höllenaufbrüche oder Todeszüge zu sehen sind. Es ist **eine katholische Symbolwelt** mit Maria im Zentrum. Indem Goethe aber diese Symbolwelt auf einen Inhalt, den des Sinnlich-Weiblichen, konzentriert, löst er die Symbole von ihren katholischen Inhalten.

Parallelen und Entsprechungen zwischen den beiden Teilen

ERSTER TEIL	ZWEITER TEIL
Prolog im Himmel	Anmutige Gegend
Vor dem Tor	1. Akt: Mummenschanz
Faustens Studierzimmer,	2. Akt: Faustens Studierzimmer
Hexenküche	Labor
Walpurgisnacht	2. Akt: Klassische Walpurgisnacht
Gretchen-Tragödie	3. Akt: Helena-Spiel
Kerker: Gretchens Rettung	5. Akt: Fausts Tod und Erlösung

3.4 Personenkonstellation und Charakteristiken

ZUSAMMENFASSUNG

Die auftretenden Personen sind in ihrer Vielzahl kaum überschaubar und oft nur illustrierender Bestandteil eines größeren Vorgangs (Maskenzug, Walpurgisnacht, höfische Zeremonielle usw.).

- → **Faust**: alt, ein erfahrener, diesseitsbezogener Mensch; ist als Eigentümer und Besitzer in der Neuzeit angekommen, inzwischen nicht mehr Gelehrter, erblindet.
- → **Mephistopheles**: der Böse wird zeitweise der Hässlichste (Phorkyas); Verwandlungen: Narr, die Doppelfigur Zoilo-Thersites, der Geiz (der Abgemagerte) usw.
- → **Wagner**: Fausts ehemaliger Famulus, nun ein moderner, berühmter, wenn auch gefühlloser Wissenschaftler und ein Zeitgenosse Frankensteins; mit Hilfe des Verstandes in die Gesetze der Natur eingedrungen.
- → **Kaiser**: junger Kaiser des Heiligen Römischen Reiches Deutscher Nation, Parallelen zum historischen Kaiser Maximilian I., hat sein Land in Anarchie versinken lassen.
- → **Knabe Lenker/Euphorion**: Kind Fausts und Helenas, Personifikation der Poesie, deren Attribut „die goldne Leier" (V. 9620); Züge des englischen Dichters Lord Byron.
- → **Homunkulus**: künstlich geschaffener Mensch, geht in der Natur auf, seine Vereinigung mit Galatee mutet orgastisch an, seine Sprach- und Versbegabung entwickelt sich.
- → **Helena**: die schönste Frau aller Zeiten; Fausts Sehnsucht auf sie gerichtet, vollendete natürliche Schönheit und kulturelle Vollendung; „Glück und Schönheit" vereinen sich nicht dauerhaft.

Faust

Goethes Protagonist ist alt. Ein Traum erfüllt sich: Er lebt mit Helena und zeugt einen Sohn, aber das Glück ist nicht von Dauer: Der Sohn stirbt, Helena verschwindet. Danach tritt die Wette in den Hintergrund, Faust wird ein erfahrener und **diesseitsbezogener Mensch**. Nicht mehr höchste und letzte Erkenntnisse sind sein Ziel, sondern das Erlebnis des „Abglanzes". Am Ende erblindet er; die Sorge hat ihn angehaucht (V. 11498). In diesem Zustand befindet sich metaphorisch die unschöpferische Masse lebenslang: „Die Menschen sind im ganzen Leben blind", sagt Frau Sorge (V. 11497).

Vergängliches Glück

Fausts Betrachtung von geistiger und körperlicher Arbeit ist bemerkenswert: Die körperlich Arbeitenden sind die Knechte, es sind viele. Sie können mit dem Werkzeug umgehen, benötigen aber die Macht (den Befehl) des schöpferischen, denkenden Menschen: Für das „größte Werk (...) genügt Ein Geist für tausend Hände" (V. 11509 f.; Hervorhebung „Ein" im Original). Die ökonomischen Verhältnisse, die Faust repräsentiert, sind die kapitalistischen des frühen 19. Jahrhunderts. Bereits in *Faust I* hatte Goethe die Bedeutung des Kapitals für das ökonomische Handeln beschrieben (vgl. V. 1824 ff.): „In Goethes Augen verbinden sich – nicht anders als wenig später in der Perspektive von Marx und Engels – Geschichtsprozess und Produktionsprozess, bürgerliche und industrielle Revolution zu einer alle Lebensbereiche ergreifenden Bewegung."[55]

Verhältnis zur körperlichen Arbeit

Nachdem Faust im 1. und 2. Akt **wenig zu gestalten** hatte und im 3. Akt Helena die Szene dominiert, bestimmt der Protagonist erst im 4. und 5. Akt wieder die Handlung. Für ihn ändert sich am Ende, dass seine geistigen Entwürfe nicht mehr der Wirklichkeit entsprechen, weil er sie als Blinder nicht mehr analytisch umsetzen kann. Aber

Wirklichkeit nur als Vorstellung

---

55 Michael Jaeger: *Fausts Revolution. Das europäische Revolutionszeitalter im Hintergrund der Tragödie*. In: Jaeger u. a. (Hrsg.), S. 107.

Wissen ist gegenwärtig und in Bewegung, nie einmalig dauernd. Die Regieanmerkung weist auf einen blinden Faust, der „das Geklirr der Spaten“ hört: Er „tastet an den Türpfosten“ (nach V. 11538). Faust nimmt die Wirklichkeit nicht mehr als Realität, sondern nur noch als Vorstellung auf, er trifft falsche Schlussfolgerungen. Das kann als Polemik gegen falschen Idealismus verstanden werden.

Auch Mephisto löst sich aus seiner Beziehung zu Faust. Er korrigiert Faust nicht mehr in seinem Irrtum, sondern kommentiert ihn, aber „beiseite“ (vor V. 11544) sprechend: Mephisto sagt den vollständigen Untergang voraus, wenn der Mensch in die Natur eingreift: „Die Elemente sind mit uns verschworen, / Und auf Vernichtung läuft 's hinaus.“ (V. 11549 f.).

	1. AKT	2. AKT	3. AKT	4. AKT	5. AKT
Hauptgestalten:	Kaiser-Meph.	Wagner-Meph.	Helena-Faust	Faust-Meph.-Kaiser	Faust
Tätigkeit Fausts	Begleiter Meph., Plutus als Ratgeber	Erschütterung durch Helena, Suche nach Hel.	Leben mit Helena, Dichtungslehre	an der Seite Mephistos Heerführer, Krieg, Sieg	Kolonisation, Zukunftsentwurf
Fausts Methode	Gesellschaftsvorstellung in Symbolen	Suche im Mythos nach Schönheit und Sinnlichkeit	Zusammenführen der Epochen zum Zweck neuer Kunst	Anwendung neuer technischer Mittel im Kriege	neue Arbeitsmethoden bei Landgewinn
Ergebnis	Papiergeld, Reichsordnung, Maskenfest	künstl. Mensch (Geist): Tod in Schönheit und Natur	künstl. Mensch (Kunst): Tod im Freiheitskampf, ein neuer Ikarus	Eigentum in Abhängigkeit, Restauration des Reichs	Eigentumsentwicklung, Tod Fausts

Faust ist aus dem Mittelalter in der Neuzeit angekommen: Den Krieg führt er mit modernen technischen Mitteln. Durch den Sieg wird er **Eigentümer und Besitzer**, er ist nicht mehr Gelehrter, sondern am Ende seines Lebens ein moderner Mensch, ein Unternehmer: Bisher hatten Fausts Knechte die Arbeit verrichtet. Weil sie nicht schnell genug vorankommen, verpflichtet Faust den „Aufseher", Mephisto, „Arbeiter (...) Meng auf Menge" zu schaffen (V. 11552). Fausts Worte sind typisch für seine neue Rolle: Der „Aufseher" soll mit allen Mitteln die Arbeiter beschaffen, „Ermuntre (...), Bezahle, locke, presse" (V. 11554).

Faust als Unternehmer

Faust in den einzelnen Akten

Es vollzieht sich eine Entwicklung vom Naturzustand zu höchster Geistigkeit.

Mater gloriosa
Zustand höchster Geistigkeit und Dichtung

AKT	HAUPTTHEMA DES AKTES	BESTEHENDE SITUATION		ENTSTEHENDE SITUATION	ZEITLICHER ABLAUF IN BEZUG AUF FAUST
5. Akt:	Bereich Ökonomie und Landgewinnung	„Hütte" unter Linden, kleiner Privatbesitz (V. 11048); Frömmigkeit und Gastfreundschaft; zufriedene Bescheidenheit und Entsagung	↑	„Palast" und Ziergarten am Hafen. Fausts Lehen als Uferregion kolonisiert. Utopie vom freien Menschen auf freiem Grund.	Um 1830: Zeit der Kolonisierungen, des technischen Fortschritts und der Revolution; Faust schildert „Revolte" (BA 8, 613).
4. Akt:	Bereich Kriegswesen und Eigentum	Mittelalterliche Ritterheere: Man liebt Harnisch und Ritterkragen (V. 10327 f.). Gekämpft wird in Phalanx (V. 10360) oder im Zweikampf (V. 10472).	↑	Leicht bewegliche militärische Einheiten (V. 10323 ff.); Kampf technischer Einheiten (V. 10565 ff.) Faust strebt nach Eigentum (V. 10187).	Griechischer Freiheitskampf 1821–1829 (Byron); Zeit Kaiser Maximilians I., des „letzten Ritters", um 1518

AKT	HAUPTTHEMA DES AKTES	BESTEHENDE SITUATION		ENTSTEHENDE SITUATION	ZEITLICHER ABLAUF IN BEZUG AUF FAUST
3. Akt:	Bereich Kunst	reimlose Dichtung: jambischer Trimeter, antike, altgriechische Tragödie (Euripides) mit Chor (V. 8488 ff.)	↑	Reimdichtung (V. 9373 ff.): jambischer Fünfheber; Minnesang, Renaissance, klassizistische Landschaftskunst, z. B. Wörlitz (vor V. 9574)	Arkadien als Land des schönen Scheins, Kunstlandschaft von Renaissance, Barock und Rokoko (14.–18.Jh.); mittelalterliche romanische Burg in Sparta. 20 Jahre nach dem Trojanischen Krieg: Sparta, Palast des Menelaos
2. Akt:	Bereich Wissenschaft	Alchemie Laboratorium „im Sinne des Mittelalters" (vor V. 6819)	↑	Organische Chemie Homunkulus, geschlossener Glasbehälter, Experimente mit Kohle	Klassische Walpurgisnacht: Pharsalische Felder 48 v. d. Z. Anaxagoras, Thales 5.u. 6. Jh. v. d. Z.
1. Akt:	Finanzwirtschaft	Münzgeld Zerrüttete Verhältnisse im Land. Aufruhr: „Ein jeder schlägt und wird erschlagen." (V. 4813)	↑	Papiergeld Das Reich gelangt zu „hohem Wohl" (V. 6131); das Leben wird heiter.	Vor 1200 v. d. Z.: Helena und Paris

Ariel = Naturgeist

Naturzustand; die Natur ist gut und heilt.

Mephistopheles

Der Böse wird zum Hässlichen

Der Pakt ist in den Hintergrund getreten und wird erst am Ende wieder wichtig. Aus dem Bösen, dem teuflischen Verführer, wird zeitweise der Hässlichste (Phorkyas). Er wird damit der extreme Gegensatz Helenas, der Verkörperung der Schönheit. – Mephisto nimmt **viele Verwandlungen** an: Er beginnt als Narr, wird die Doppelfigur Zoilo-Thersites, dann der Geiz (der Abgemagerte) und ein Kurpfuscher, schließlich schlüpft er wieder in Fausts Professorenpelz (nach V. 6615). Die Vielfalt zeigt die Großräumigkeit seines Wirkens, das nun nicht mehr auf die kleine provinzielle Welt konzentriert ist. Trotzdem fällt es ihm nicht leicht, in der antiken Hölle anerkannt zu werden: Zu den „Müttern" hat er keinerlei Zugang. Die *Klassische Walpurgisnacht* ist ihm unbekannt. Ohne Homunkulus hätte er nichts davon erfahren. Dort angekommen, hat er keine Aufgabe. Nicht einmal Faust benötigt ihn. Am Ende wird er ins Proszenium (Vorderbühne), also von der Bühne gedrängt, aber er muss sich auch über seine Niederlage in der Wette trösten, zumal er eigene Fehler sieht: „Du hast's verdient, es geht dir grimmig schlecht." (V. 11835) Ein wenig Entlastung könnten die Engel bieten: „Die Racker sind doch gar zu appetitlich." (V. 11800)

Niederlage

Die Mephisto-Figur darf nie allein, sondern muss stets mit der Figur betrachtet werden, die gerade der Partner ist. Mephisto ist in einer so entstehenden Spannungssituation immer das Gegenteil des Vorhandenen. So ist er eigentlich weniger eine Figur als ein Prinzip. Im *Ersten Teil* beschreibt er sich: „Ich bin der Geist, der stets verneint." (V. 1338)

Wagner

Vom Famulus zum Wissenschaftsstar

Aus dem Famulus ist der berühmteste Wissenschaftler seiner Zeit geworden, er hat sich auf die synthetische Herstellung des Menschen spezialisiert und ist damit ein Zeitgenosse der Romangestalt

Frankenstein[56], die ebenfalls den künstlichen Menschen schaffen will, wobei aber ein Monster entsteht. Wagner bedarf der Unterstützung Mephistos nicht, um das Vorhaben zu erfüllen und damit letztlich Teuflisches zu erreichen. Goethe gestand allenfalls eine heimliche „Mitwirkung" durch Mephisto zu.[57] Wagner ist mit Hilfe des menschlichen Verstandes in die Geheimnisse der Natur eingedrungen. Er ist dadurch ein moderner, wenn auch gefühlloser Wissenschaftler geworden, den die Folgen seines Tuns nicht interessieren. So kann sich das von ihm Geschaffene auch als Teufelswerk verstehen: Homunkulus spricht Mephisto als „Herr Vetter" (V. 6885) an; „(...) geistige Wesen wie der Homunkulus, die durch eine vollkommene Menschwerdung noch nicht verdüstert und beschränkt worden, zählte man zu den Dämonen, wodurch denn unter beiden eine Art von Verwandtschaft existiert".[58]

Der Kaiser

Der Herrscher ist ein junger Kaiser des Heiligen Römischen Reiches Deutscher Nation: auf den Krönungszug nach Rom wird verwiesen (V. 5068). Auf den historischen Kaiser Maximilian I. weisen die riesigen Schulden, der Übergang von einem mittelalterlichen zu einem Renaissanceherrscher und die verbreitete Bezeichnung als „letzten Ritter". Ähnlichkeiten mit Goethes Freund, dem Herzog Karl August[59], wie Interpreten meinen, hat er nicht. Dass Goethe die historischen Bezüge zu Gunsten allgemeiner Kennzeichen aufgab, dürfte eine Folge der Restauration des feudalistischen Systems nach

Maximilian I. oder Karl August?

---

56 Frankenstein war Wissenschaftler in Mary W. Shelleys Schauerroman *Frankenstein oder Der moderne Prometheus* (1818). Er schuf aus Leichenteilen einen künstlichen Menschen, der sich als Monster gegen Frankenstein selbst wandte. Die Shelleys waren mit Byron befreundet.

57 Eckermann (16. Dezember 1829), S. 508.

58 Ebd.

59 Buchwald, S. 169.

1815 sein, ohne dass es wieder einen deutschen Kaiser gab, dafür gab es seit 1804 einen Kaiser Österreichs.

Romantisches Denken

Goethes Kaiser ist **lebenslustig und verschuldet**. An seinem Hof denkt man romantisch: Der Architekt lobt wie die Romantiker die Gotik, die Hofleute wünschen Paris als mittelalterlichen Ritter zu sehen, die Dichter sind romantisch, Geister- und Spukerscheinungen gehören zu den kaiserlichen Wünschen und vieles andere. der Monarch hat sein Land in Anarchie versinken lassen, stets nur bedacht auf die Lustbarkeiten des Lebens. Nach seinem Sieg über den Gegenkaiser stellt er uralte Machtverhältnisse wieder her und liefert Land und Menschen der Herrschaft der katholischen Kirche aus.

Knabe Lenker/Euphorion

Erfolglose Verteilung des Geistes

Vorbild Byron

Auf die Identität beider hat Goethe in einem Gespräch mit Eckermann hingewiesen (vom 20. Dezember 1827): Knabe Lenker/Euphorion „ist kein menschliches, sondern ein allegorisches Wesen. Es ist in ihm die Poesie personifiziert, die an keine Zeit und an keine Person gebunden ist." Im 1. Akt handelt es sich um die Verteilung des Geistes, mit ironischer Anlehnung an das Pfingstwunder. Doch fällt die Verteilung des Geistes, ein Hinweis auf aufklärerische Bestrebungen, in der höfischen Gesellschaft auf unfruchtbaren Boden; die vom Knaben Lenker verteilten Flämmchen – Zeichen des Geistes[60] – verlöschen, „eh man 's noch erkannt (...) traurig ausgebrannt" (V. 5637 f.). – Aus dem von ihm verstreuten Schmuck werden Insekten. Knabe Lenker hat Perlen vor die Säue geworfen; die Hofgesellschaft ist unfähig, die Geschenke des Geistes und der Poesie zu erkennen. Er dirigiert Plutus'/Fausts Drachenwagen.

---

60 Pfingsten wurde der Heilige Geist auf die Apostel ausgegossen; er erschien in feurigen Zungen auf ihren Köpfen (Apostelgeschichte 2, 3). Seither wird dieser Vorgang durch Flämmchen dargestellt.

Im 3. Akt kehrt er als Euphorion, Sohn Fausts und Helenas, wieder. Noch ehe er auftritt, wird er als Dichter beschrieben, denn er bekommt als Attribut „die goldne Leier" (V. 9620), die Lyra, das Zeichen Apolls, des Gottes der Künste und der Poesie. Er vereint den Eltern entsprechend antike und klassische Elemente in seiner Person und seiner Kunst, deren Grenzen er mit einer romantischen Weltsicht zur Musik zu überschreiten versucht. Als Dichter beherrscht Euphorion „ein reizendes, reinmelodisches Saitenspiel" (vor V. 9679): Sein Spiel soll „auf Herzen wirken", „zur Tränenlust" erweichen (V. 9686 ff). Diese Mischung ist als Kunst nicht lebensfähig. – Goethe hat ihm Züge des englischen Dichters Lord Byron gegeben, der in seinem Werk eine ähnliche Mischung anstrebte und mit dem Drama *Sardanapalus* (1821) einen ähnlichen Versuch des Ausgleichs von Antikem und Klassischem schuf, der sich im Romantischen einer Opferliebe aufheben sollte. Byron nahm seit 1823 am griechischen Freiheitskampf teil und stellte auf eigene Kosten eine Brigade für den Freiheitskampf des griechischen Volkes auf. Er starb 1824 während des Freiheitskampfes; dieser Abschnitt wird von Euphorion angesprochen und symbolisch nachgelebt („Krieg ist das Losungswort ...", V. 9837 ff.). Euphorion ist ein Bild Byrons und eine Allegorie der Poesie. Goethe begründete gegenüber Eckermann ausführlich die Abbildung Byrons: „Byron ist nicht antik und ist nicht romantisch, sondern er ist wie der gegenwärtige Tag selbst"[61].

Attribut goldene Leier

Euphorion verliebt sich in eine Feuernymphe. Sie entzieht sich ihm, und er folgt, bis er im Flug nach Sieg und Ruhm stürzt; zurück bleiben Kleider und Lyra.

---

61 Eckermann (5. Juli 1827), S. 338.

Homunkulus

Sehnsucht nach körperlicher Vereinigung

Der von Wagner künstlich geschaffene Mensch entwickelt sich in der kurzen Zeit seiner Existenz zu einem liebesfähigen Wesen. Gezeugt wurde er ohne Geschlechtsverkehr, aber er selbst sehnt sich nach Liebesvereinigung und geht darin auf (V. 8458 ff.), nun seine wirkliche Menschwerdung beginnend. Goethe hatte, wie Riemer von Eckermann erfuhr, in ihm „die reine Entelechie darstellen wollen (...) den Geist des Menschen, wie er vor aller Erfahrung ins Leben tritt“[62]. Die Verse, in denen Homunkulus in der Natur aufgeht (V. 8458–8473), muten orgastisch an.

Wie sich seine Gefühle entwickeln, verändert sich auch seine Sprach- und Versbegabung. Zeichnet sich sein Vers anfangs durch nichts aus, wird er in der Ledatraumvision Fausts (V. 6933), die er beschreibt, zu einem hochkünstlerischen Gebilde. Mehrsilbige Endreimworte, entspannte Sätze mit häufigen Zeilensprüngen und zahlreiche Alliterationen und Assonanzen (Anfangs- und Binnenreime) – germanischen Reimformen – wie „höchstem – Helden, lässt – glänzend“ beschreiben das heitere Treiben der antiken Welt und zeigen, dass der Besucher dieser Welt aus nordischen Regionen stammt.[63]

62 Zit. nach: Hamm 1978, S. 185.

63 Vgl. dazu: Ford B. Parkes-Perret: *Homunkulus: Entstehungsrede und Ledatraumvision.* In: Goethe-Jahrbuch. 101. Band der Gesamtfolge, Weimar: Verlag Hermann Böhlaus Nachfolger, 1984, S. 244–249.

Mephisto (Erich Schellow), Homunculus (Diana Körner) und Faust (Wilhelm Borchert – liegend) in einer Inszenierung am Schillertheater Berlin 1966 © Cinetext

Helena

Die Tochter des Zeus und der Leda gilt als die schönste Frau aller Zeiten. Nach zahlreichen Liebesbeziehungen wurde sie die Frau des Menelaos. Der trojanische Prinz Paris entführte sie, und der Trojanische Krieg brach dadurch aus (vgl. Anmerkung zu V. 6184). Bereits in *Faust I* sieht Faust „ein himmlisch Bild" (V. 2429) im Zauberspiegel, und Mephisto benennt das Bild als Helena (V. 2604). Von da an ist Fausts Sehnsucht auf sie gerichtet; sie wird zunächst mittels eines Zaubertranks durch Gretchen ersetzt, bleibt aber in Fausts Unterbewusstsein erhalten. Als der Kaiser Helena und Paris zu sehen wünscht, bricht in Faust wieder diese Sehnsucht auf. Er holt Helenas Bild aus der Unterwelt von den Müttern in die Gegenwart. Als Faust das Schemen Helena berührt, fällt er in Ohnmacht; Schemen und Mensch passen nicht zueinander. Bei Fausts Suche nach Helena in der Unterwelt erscheint als die vollendete natürliche Schönheit Galatee „auf dem Muschelwagen" (vor V. 8424); Prägungen mit „Muschel" sind in der Dichtung häufig Hinweis auf erfüllte Sexualität. Helena bietet zu der vollendeten natürlichen Schönheit „die kulturelle Vollendung" und repräsentiert „als Inbegriff vollkommener Schönheit und vollkommener Menschengestalt Natur und Kunst in einem"[64]. Weil Helena nun in jeder Hinsicht vollkommen ist und auch Faust aus der Zeit genommen wird – die Szene spielt auf einer mittelalterlichen Burg im Sparta des Menelaos – kann es zu einer **geistig und körperlich erfüllten Beziehung** auf Fausts Burg kommen, aus der Euphorion hervorgeht, der von der Mutter die Schönheit hat. Mit dem Tod Euphorions ist die Beziehung Fausts zu Helena zerstört, weil „Glück und Schönheit dauerhaft sich nicht" (V. 9940) vereinen. Helena „umarmt Faust, das Körperliche verschwindet" (vor V. 9945). Was sie ihm lassen kann, sind ihre Gewänder, die Formen der Kunst. Goethe gab ein ausführliches Bild Helenas in *Polygnots Gemälde in der Lesche zu Delphi* (1803):

„Auf dem Muschelwagen"

> „Sie entzückt, indem sie Verderben bringt, das Alter wie die Jugend, entwaffnet den rachgierigen Gemahl; und vorher das Ziel eines verderblichen Krieges, erscheint sie nunmehr als der schönste Zweck des Sieges, und erst über Haufen von Toten und Gefangenen erhaben, thront sie auf dem Gipfel ihrer Wirkung." (BA 19, 414)

---

64 Schmidt, S. 227.

3.5 Sachliche und sprachliche Erläuterungen

I. Anmutige Gegend

vor V. 4613	**Anmutige Gegend**	Parallele zum Prolog im *Ersten Teil*, die sich nicht im Himmel, sondern in der Natur ereignet. Faust findet sich im pantheistischen Sinne in der Gott-Natur wieder, die er mit Terzinen, wie sie sich in Dantes *Göttlicher Komödie* finden, begrüßt; Merkmale dieser Natur sind Wasserfall und Regenbogen.
vor V. 4613	**anmutige kleine Gestalten**	Elfen. Die Verwendung von „Anmut" als ästhetisch-sittlichen Begriff meint (nach Schillers *Über Anmut und Würde*, 1793) eine Schönheit in Bewegung.
vor V. 4613	**Ariel**	Luftgeist aus Shakespeares *Sturm*
vor V. 4613	**Äolsharfen**	Altes Saiteninstrument in Gärten, durch den Wind zum Tönen gebracht wurde.
V. 4626	**Vier sind die Pausen**	Der Heilschlaf wird wie bei den vier Nachtwachen (Vigilien) der römischen Legionäre in vier Abschnitte zu je drei Stunden eingeteilt. Ihnen entsprechen die vier folgenden Strophen des Chores: Dämmerung, Nacht, Tagesblick (Morgendämmerung), Glanz (Tag). Ähnlich sind die Gebetsstunden der Katholiken gegliedert.
V. 4629	**Lethe**	Mythologischer Fluss in der griechischen Unterwelt. Die Seelen der Toten tranken aus ihm das Vergessen des Irdischen.
V. 4666	**Horen**	Göttinnen der Jahreszeiten; sie öffnen und schließen die Himmelstore für den Sonnengott Phöbus Apollon (Helios) und seinen Sonnenwagen.

V. 4716	**Wassersturz**	Tagebucheintragungen der Schweizreise vom 18. September 1797 lassen als Anlass des Bildes den Rheinfall bei Schaffhausen vermuten.
V. 4722	**des bunten Bogens Wechseldauer**	Eine dialektische Wortprägung für den Regenbogen. Während die Wassertropfen ständig wechseln, scheinen Sonnenlicht und Regenbogen zu dauern und stets gleich zu sein.
V. 4727	**Am farbigen Abglanz ...**	Der Satz des Werkes ist erkenntnis- und widerspieglungstheoretisch zu verstehen. Einen ähnlichen Satz findet man in Goethes *Versuch einer Witterungslehre* (1825). Man erkennt das Leben nicht, nur die sinnlichen Erscheinungen desselben. Gleichzeitig bleibt uns letztes Wissen versagt – vom „ewigen Licht", der Sonne „leider schon geblendet" –, aber in Brechungen, im Regenbogen, ist das Licht erlebbar. Vgl. dazu Goethes Gedicht *Regen und Regenbogen* (1813)[65].

I. Kaiserliche Pfalz – Saal des Thrones

V. 4743 ff	**Was ist verwünscht ...?**	Die Lösung des Rätsels ist: der Narr.
V. 4767	**Schönbärte**	von mittelhochdt.: scheme – Schatten (Schemen); bärtige Maske anlässlich des Karnevals

65 Das Gedicht gehört zu *Parabolisch*. In: BA 1, 608. Vgl. auch das Gedicht *Äolsharfen*, ebd., S. 504. Goethes Werk weist noch zahlreiche andere Belege für den Regenbogen als Sinnbild von Wechsel und Dauer aus, so auch im *Historischen Teil der Farbenlehre*.

V. 4772	**Kanzler**	Der für die Ausfertigung königlicher Dokumente verantwortliche Kanzlist wurde Kanzler genannt. Da meist Geistliche schreiben konnten, war das Amt an Kleriker gebunden. Otto I. ernannte seinen Sohn Wilhelm dazu, der Erzbischof von Mainz geworden war. Seitdem blieb das Amt mit dem des Erzbischofs von Mainz fast bis ans Ende des Reiches verbunden und bedeutete doppelte Macht. Der Kanzler bereitete die Königswahl vor. Er stand über den Kurfürsten, vertrat den Kaiser und leitete die allgemeinen Reichsangelegenheiten. Im 4. Akt kann der Erzbischof/Erzkanzler den Kaiser mit seiner Macht erpressen (V. 11023 ff.).
V. 4845	**Ghibellinen, Guelfen**	Für Goethe gegensätzliche Machtgruppierungen, wie auch Klassiker und Romantiker (vgl. seinen Aufsatz *Moderne Guelfen und Ghibellinen*, 1827). In hohenstaufischer Zeit waren die Ghibellinen – sie wurden nach Waiblingen benannt, der Stammburg der Hohenstaufen – die Anhänger der deutschen Kaiser in Italien, die gegen die Unabhängigkeitsbestrebungen der italienischen Städte waren. Die Städte stützten sich ihrerseits auf das aufsteigende, papstfreundliche Stadtbürgertum (Guelfen = Welfen).
V. 4872	**Jude**	Juden waren oft als Geldverleiher tätig, da ihnen nach der Ständeordnung und den Zunftgesetzen andere Berufe verschlossen waren; es gab berühmte Geld verleihende Juden an Fürstenhöfen (z. B. Joseph Süß-Oppenheimer am Hofe Karl Alexanders von Württemberg).

V. 4898	**Atheisten**	für den Kanzler: Gottesleugner, da sie als Urgrund der Welt nicht Gott, sondern die Spannung zwischen „Natur und Geist" (V. 4897) sahen. Heute: Anhänger einer Weltanschauung, die die Existenz Gottes verneint.
V. 4949	**Kreis, Stund, Haus**	Begriffe aus der Astrologie: Die Himmelskugel wurde in 12 Häuser eingeteilt; jedes bekam ein Tierkreiszeichen. Die Planeten durchlaufen in den einzelnen Stunden diese Häuser; aus dieser Beziehung werden Horoskope abgeleitet.
V. 4955 ff.	**Die Sonne selbst ...**	Eine von Mephisto („Der Tor bläst ein", V. 4954) vorgesagte Rede, in der Astrologie und Alchimie verbunden werden, um die Zuhörer zu manipulieren. Die Gestirne sind auch Symbole für Metalle; sie tragen Götternamen: Sonne = Gold, Götterbote-Merkur = Quecksilber, Liebesgöttin-Venus = Kupfer, Mond-Luna = Silber, Kriegsgott-Mars = Eisen, Göttervater-Jupiter = Zinn, Vater des Jupiter, Bauern- und Erntegott-Saturn = Blei.
V. 4976	**Gauch**	heute veraltet: Dummkopf, Geck, Narr; regional auch für Kuckuck
V. 4979	**Alraune, schwarzer Hund**	Puppenähnlicher Wurzelstock der giftigen Mandragora (Nachtschattengewächs), wurde wegen seiner oft menschenähnlichen Gestalt für zauberkräftig gehalten. Die Pflanze wuchs zumeist, sagte der Volksglauben, aus dem Samen von Dieben, die noch reine Junggesellen waren, unter Galgen und durfte nicht von einem Menschen herausgezogen werden, sondern nur in der Johannisnacht von einem schwarzen Hund, der dabei starb.

V. 4983	**Sohle kitzelt**	Nach dem Volksglauben steht man auf Schätzen, wenn die Sohle kitzelt.
V. 4995	**Mir krabbelt 's an der großen Zeh**	Mephistos Demagogie hat gewirkt; die Menschen sind seinen Versprechungen nach dem Schatz verfallen und scheinen es körperlich zu spüren.
V. 5011	**Salpeter, Leimenwand**	aus alten Lehm- aber auch Ziegelwänden tritt („blüht") Salpeter aus, den die Bauern von der Leimen-(Kalk-)Wand abkratzten und zum Viehfutter gaben. Dabei stießen sie manchmal auf Schätze im Mauerversteck.
nach V. 5060	**Exeunt**	lat.: Sie gehen ab. Vgl. ex = umgangssprachlich: tot, aus

I. Kaiserliche Pfalz – Weitläufiger Saal

vor V. 5065	**Mummenschanz**	engl.: mumm – sich maskieren; mittelhochdt.: Schanze – Glückswurf. Maskenzug, Festspiel, Maskerade zu Fastnacht. Goethe hatte mehrere Maskenzüge für den Weimarer Hof geschrieben. – Die Szene spielt auf den römischen Karneval an, der Goethe begeisterte (vgl. Goethe, *Das römische Carneval*, 1789). Dort sei es heiter und froh im Gegensatz zu „deutschen Grenzen" (V. 5065), wo sich „Teufels-, Narren- und Totentänze" abspielen.
V. 5068	**Römerzüge**	Der deutsche König wurde in Rom zum Kaiser des Heiligen Römischen Reiches Deutscher Nation gekrönt und musste zur Krönung, dann zur Verwaltung des Reiches mehrfach nach Rom ziehen. (Kaiser-)Krone und (Narren-)Kappe sind die Errungenschaften der Römerzüge; ein Gegensatz erweist sich als dialektische Beziehung.

V. 5088 ff.	**Gärtnerinnen u. a.**	Der Aufzug der Gruppen folgt einem Werk von Anton Francesco Grazzini *Alle Triumphzüge, Triumphwagen, Maskenzüge und Karnevalslieder, die in Florenz von der Zeit Lorenzo von Medicis bis 1559 veranstaltet wurden* (ital.); der Wechselgesang der Früchte und Blumen ergänzt die Gärtnerinnen. Es sind Pflanzen mit hohem Symbolwert: Der Olivenzweig ist ein „Friedenszeichen" (V. 5125), der Ährenkranz steht für eine reiche Ernte.
V. 5128	**Ceres**	lat.-griech.: Demeter; Göttin der Ernte und der Feldfrüchte, Schwester des Zeus. Sinnbild der Erde
V. 5137	**Theophrast**	T. von Eresos (372–287 v. d. Z.) war Schüler des Aristoteles, schrieb eine systematische Darstellung der Botanik (*De causis plantarum*). In anderen Fassungen wurde einmal für T. Alexander von Humboldt genannt, der 1806 die *Ideen zu einer Physiognomik der Gewächse* veröffentlicht hatte, ein anderes Mal „Linné und Humboldt". Linné entwickelte ein System des Pflanzenreichs (*Systema naturae*, 1735). Goethe schätzte ihn wie Shakespeare.
vor V. 5158	**Theorbe**	Tief gestimmte Laute (Basslaute) des 16. bis 18. Jahrhunderts, kennzeichnen die Männer (Gärtner), während Mandolinen und Gitarren den Frauen zugehören.
V. 5187, 5538, 5663	**Sponsierer**	Bewerber, Freier, Verehrer, auch: Verführer; vgl. Sponsor – Förderer
V. 5194	**Dritter Mann**	Fangspiel, bei dem Paare hintereinanderstehen und einen Kreis bilden. Der Flüchtende stellt sich hinter einem Paar an, worauf der vorn Stehende fliehen muss. Wird er vom Fänger erreicht, muss er selbst Fänger sein.

vor V. 5215	**Pulcinelle**	Pulcinella: von lat. pullus – Hahn; neapolitanischer Hanswurst der Commedia dell'Arte (Volkstheater), listiger Diener, „beinahe fauler und doch humoristischer Knecht“[66] von dramaturgischer Bedeutung, indem er das Spiel kommentiert; derb-lustige Person „von solchem Ruf, dass niemand in guter Gesellschaft sich rühmt, darin gewesen zu sein“[67]. Frauen besuchten Stücke mit ihm nicht.
vor V. 5237	**Parasiten**	Schmarotzer, Figur der antiken Komödie, die sich mit Schmeicheleien selbst zum Essen bei reichen Leuten einlädt.
vor V. 5295	**Poeten ...**	Die Aufzählung/Szene zielt auf **romantische Dichter**, die sich dem Mittelalter als Gegenstand zuwandten bzw. Gespenster, Spuk und Unheimliches bedichteten und damit den Publikumsgeschmack bedienten. Die Enthusiasten (Begeisterte) sind hier Schwärmer, wie sie 1798 in der ersten wichtigen Zeitschrift der Romantiker, dem *Athenaeum*, gelobt wurden. Der Satiriker (Spötter) möchte seine Dichtung vorstellen, die „niemand hören wollte“ (V. 5298).
vor V. 5299	**Vampiren**	Serbische Benennung für Verstorbene, die nachts ihrem Grab entsteigen, um Lebenden das Blut auszusaugen, und bei Sonnenaufgang in ihre Särge zurückkehren. Sie waren ein bei Romantikern beliebtes Thema (vgl. das ausführliche

66 Goethe beschrieb ihn in der *Italienischen Reise* unter dem 19. 3. 1787 auch als „Harlekin aus Bergamo, Hanswurst, aus Tirol gebürtig“ und „eigentliche Nationalmaske“.

67 Eckermann (Sorel am 14. Februar 1830), S. 686.

		Gespräch über Vampire in E. T. A. Hoffmanns *Serapionsbrüdern* und darin Cyprians *Grässliche Geschichte*.)
V. 5299 ff.	**(Drei)**	Jede der folgenden Gruppen (Grazien, Parzen, Furien; dann: Furcht, Hoffnung und Klugheit sind drei) besteht aus drei Personen. Bei den „Müttern" gibt der „Dreifuß" ihren Ort an (V. 6283) Die Drei findet sich auch bei den „drei Gewaltigen" (vor V. 10323) und an vielen anderen Stellen des Werkes. Die Drei gilt in vielen Mythen als geheimnisvolle Zahl eines vorherbestimmten Seins und wird auf Lebensdauer (Geburt, Leben, Tod), christliche Dreieinigkeit, Familie (Vater, Mutter, Kind), Epochen (Vergangenheit, Gegenwart, Zukunft) usw. in Anspruch genommen. Vgl. auch *Dreinamig-Dreigestaltete* (V. 7903 ff.) und ein Zahlenspiel mit der Drei („Sind im Olymp zu erfragen", V. 8197).
vor V. 5299	**Grazien**	Römische Göttinnen der Anmut (griech.: Chariten).
vor V. 5305	**Parzen**	Uralte Schicksalsgöttinnen (griech.: Moiren), Töchter des Zeus und der Themis: Die Beschreibung des Spinnens geschieht, weil man sich das Leben als Faden vorstellte, den die Parzen verwalteten: Bei Goethe spinnt Atropos den Lebensfaden, Klotho schneidet ihn ab, Lachesis ordnet die von der Spule zur Weife (Garnrolle, Haspel) gehenden Fäden. Die drei Schicksalsgöttinnen stehen für Vergangenheit, Gegenwart und Zukunft.

V. 5349	**Furien**	Lateinischer Name für die Erinnyen, Rachegöttinnen, entstanden aus den Blutstropfen, die bei der Entmannung des Uranos auf die Erde fielen; erstmals erscheinen sie bei Euripides in der Dreizahl. Alekto (die Rastlose), Megaira (die Feindliche) und Tisiphone (Rächerin des Mordes). Goethe lässt sie „hübsch und jung und Schmeichelkätzchen" sein (V. 5358), da sie im Maskenzug für Leidenschaften stehen und eheliches Glück zerstören. Im Mythos wurden sie Furcht erregend mit Schlangenhaaren, grauenvoll und geifernd mit blutrünstigen Augen beschrieben.
V. 5378	**Asmodi**	auch: Asmodeus; Dämon der persischen Mythologie, gilt als Eheteufel, da er Sara, Tochter des Raguel, sieben Männer nacheinander in der Hochzeitsnacht tötete, „alsbald wenn sie sich zu ihr tun sollten" (Das Buch Tobias 3, 7 ff.). Der Engel Raphael verbannte den bösen Geist in die Wüste von Oberägypten (Tobias 8, 3). Auch Name für den Teufel generell (V. 6961).
V. 5457	**Zoilo-Thersites**	Im Namen stecken der griechische Redekünstler und kleinliche Homerkritiker Zoilos (um 350 v. d. Z.) und der hässlichste Mann des griechischen Heeres vor Troja, der mythische Thersites (Homer: *Ilias*, 2. Gesang), der wegen seiner bösen Reden gefürchtet war. Es entsteht der Typ des gehässigen, kleinlichen und hässlichen Kritikers. Thersites ist in Shakespeares *Troilus und Cressida* eine Art Mephisto der Handlung und vermittelt die Handlung kommentierend an das Publikum.

V. 5472	**des frommen Stabes Meisterstreich**	Wenn der Herold mit seinem Heroldsstab den bösartigen Kritiker züchtigt, wiederholt er eine Bestrafung, die Odysseus bei Thersites vornahm: Er „hieb mit dem Szepter ihn hart auf Rücken und Schulter, / Dass er sich krümmte ...“ (Homer: *Ilias*, 2. Gesang, V. 265).
V. 5479	**die Otter und die Fledermaus**	Aus dem Bösen gehen Gift (Schlange, Otter), Nacht, Tod und Teufel hervor (Fledermaus). In der Auflösung wird ahnbar, dass Mephisto in dieser Gestalt steckt.
V. 5521 ff.	**Knabe Lenker**	Nach Goethes Erklärung befinden sich in dem vierfach bespannten prächtigen Wagen der Abgemagerte, der Geiz (Mephisto) (Avaritia, V. 5649), der Reichtum, Plutus (Faust) (V. 5569) und die Verschwendung, die Poesie, Euphorion (Knabe Lenker) (V. 5573).[68]
V. 5627	**den grünen Zweig**	Plutus will den Knaben Lenker mit einem Lorbeerkranz zum Dichter krönen und dafür danken, dass der ihm Palme und Lorbeer (Siegeszeichen) bei den geistigen Kämpfen errungen hat (V. 5617, 5620).
V. 5798	**Narrenteidung**	Narrenposse; Mephisto als Geiz treibt sie, indem er unsittliche Spiele vorführt. Faust/Plutus greift nicht ein, weil ungeheure Veränderungen anstehen, die den Untergang des Kaiserreichs bedeuten. Grund dafür ist die Not der Menschen, die das Gesetz hinwegfegt: „Gesetz ist mächtig, mächtiger ist die Not.“ (V. 5800)

68 Eckermann, S. 512.

V. 5801	**das wilde Heer**	Ein mythischer Zug von Seelen als Sturmwind, tobte, angeführt von Wotan, bei den Germanen im Frühling und Herbst durch das Land. Goethe übertrug den Zug in die Antike, an die Stelle Wotans trat Pan: Er ist der griechische Gott der Natur, der Hirten, Weiden und des Waldes, gehörnt und bocksfüßig, behaart, tanz- und musikfreudig. Später machte man ihn zum Sinnbild der Welt, zurückgehend auf griech. pan = alles („Das All der Welt", V. 5873). Hinter dem „großen Pan" steckt der Kaiser.
V. 5818	**Faun, Satyr, Gnom, Gütchen, Riese, Nymphe**	Die Begleitung Pans vereint antike und germanische Gestalten und deutet auf die *Klassische Walpurgisnacht* und den 3. Akt: Naturgötter der römischen (Faun) und griechischen (Satyr) Mythologie, jungfräuliche Naturgottheiten wie die Nymphen, germanische Gnome, Zwerge, Moosmänner („im moosigen Kleid", V. 5842) und „Gütchen" (von: gut, Wichtelmänner, V. 5848), die Riesen des Harzes, wie sie in Sagen auf der Roßtrappe und im Bodetal angesiedelt wurden. Es wird auch an die Harzszenen des *Ersten Teils* erinnert. Gasthäuser, Ortsteile (Dresden – Wilder Mann) und Orte (Wildemann am Westharz) erinnern an solche Sagengestalten.
V. 5860	**die drei Gebot'**	Sie werden in den vorhergehenden Versen umschrieben. Es handelt sich um das 5. Gebot (Du sollst nicht töten), das 6. (Du sollst nicht ehebrechen) und das 7. (Du sollst nicht stehlen).
V. 5903	**troglodytisch**	nach Art von Höhlenbewohnern, unterirdisch

V. 5934	**ein großes Ungeschick**	Der Saalbrand geht auf ein Ereignis 1394 in Frankreich zurück. König Karl VI., als Satyr verkleidet, wurde auf einem Maskenfest vom Herzog von Orleans mit einer Fackel zufällig angezündet, Bart und Kostüm gerieten in Brand, einige Hofleute kamen ums Leben, und Karl VI. soll dadurch wahnsinnig geworden sein.

I. Kaiserliche Pfalz – Lustgarten

V. 5990	**Pluto**	griech.: der Reiche; Gott des in der Erde liegenden Reichtums; gleichgesetzt mit Hades, dem Herrn der Unterwelt
V. 5991 f.	**Felsengrund, von Flämmchen glühend**	Das Bild erinnert an Dantes *Göttliche Komödie*, 19. Gesang, Vers 13 ff.: Dort stecken christliche Würdenträger, die geistliche Ämter für Geld vergeben haben, im 8. Kreis der Hölle mit den Füßen nach oben im Grunde, und auf den Fußsohlen brennen Flämmchen, die eigentlich das Licht des Evangeliums sind, nun aber das der höllischen Strafe.
V. 6002	**Salamander**	Der Feuersalamander gilt als unverbrennbar und ist deshalb nach Paracelsus der Elementargeist des Feuers.
V. 6022 ff.	**Nereiden, Thetis, Peleus**	Die Nereiden, fünfzig weibliche Meeresnymphen (vgl. V. 8044 ff.), sind Töchter des Meeresgottes Nereus. Thetis, eine von ihnen, wurde mit dem Achäerfürsten Peleus vermählt, ihr Sohn war Achilleus, ein Hauptheld im Trojanischen Krieg. Der „zweite Peleus" (V. 6026) soll der Kaiser sein, dem von Mephisto ironisch der Olymp angeboten wird. Der Kaiser schlägt ihn aus, weil das den Tod voraussetze (V. 6028 f.).

V. 6033	**Scheherazade**	Die Erzählerin, die dem Sultan die Märchen aus *Tausendundeiner Nacht* erzählt.
V. 6036	**Wie 's oft geschieht...**	Mit diesem Vers schließt das Bruchstück aus *Faust. Zweiter Teil*, das 1828 in der Ausgabe *Letzter Hand* veröffentlicht wurde.
V. 6055	**das schicksalsschwere Blatt**	Das Papiergeld; John Law (1671–1729), englischer Bankier und Wirtschaftstheoretiker, hatte 1716 durch Papiergeld die französische Staatsschuld zu tilgen versucht; 1720 war der Versuch gescheitert. Das Papiergeld setzte sich aber durch und erhielt seine Bedeutung durch die sich mit ihm entwickelnden Banken, die den Austausch von Wirtschaftsleistungen über Kreditvergabe ermöglichen.
V. 6081	**Das Alphabet ...**	Die Buchstaben des kaiserlichen Namens sind, da sie nun Geldwert bedeuten, ein Zeichen für Geldwert.
V. 6100	**Schedel**	lat.: schedula = Zettel, Blatt Papier; hier: Banknote
V. 6149, 6171	**schuldenfrei, Grundbesitz**	Während einige Höflinge den neu erhaltenen Reichtum mit Spiel und Luxus durchbringen wollen, stellen sich andere auf den Übergang von feudaler zu kapitalistischer Ökonomie ein. Sie machen sich schuldenfrei, um neue Kredite aufnehmen zu können, und erwerben Eigentum. Nicht der Kaiser geht diesen Weg, sondern sein Narr.

I. Kaiserliche Pfalz – Finstere Galerie

V. 6184	**Helena und Paris**	Paris, ein schöner Sohn des Königs Priamos von Troja, entschied den Streit der Göttinnen Hera, Aphrodite und Athena, wer die Schönste sei, indem er Aphrodite den Apfel als der Schönsten gab. Mit ihrer Hilfe entführte er Helena, die schönste (menschliche) und begehrteste Frau, Tochter des Zeus und der Leda. Sie war jedoch die Frau des Königs Menelaos von Sparta. Damit wurde der Trojanische Krieg ausgelöst. Paris tötete Achill und starb durch einen Pfeil des Philoktet.
V. 6198	**Hexenfexen**	fex: Narr, Dummkopf; hexenhafte Possenreißer
V. 6216 ff.	**Mütter**	Goethe setzte eigene Erfindung und Hinweise bei Plutarch zusammen.[69] Die Mütter leben außer Zeit und Ort, sind das Zentrum von Werden und Vergehen, Leben und Tod, „Gestaltung, Umgestaltung" (V. 6287). Sie entziehen sich jeder Vorstellung und herrschen im Reich der ewigen reinen Formen, die auf der Erde kurzzeitig durch Stofflichkeit wirklich werden. Sie hatten nach Plutarch in Engyion (Sizilien) ihren Tempel, in dem Waffen der vor Troja kämpfenden Griechen geheiligt wurden.
V. 6249 ff.	**Mystagogen, Neophyten**	Jünger (Neophyten) wurden von griechischen Priestern (Mystagogen) in religiöse Geheimlehren (Mysterien) eingeführt.

---

69 Vgl. Eckermann (10. Januar 1830), S. 516.

V. 6283	**Dreifuß**	Ehernes Gerät aus dem häuslichen und gottesdienstlichen Gebrauch. In Delphi saß die Pythia beim Apollondienst auf einen Dreifuß über einer Erdspalte, aus der benebelnde Dämpfe stiegen, und sprach ihre Orakel. Er bekommt auch durch die Drei mythischen Gehalt.
V. 6289	**Bildern aller Kreatur**	Im Plutarch wird ein Kosmos-Modell beschrieben: In einem ungeheuren Dreieck sollen an jeder Seite 60 Welten hängen, „an den Spitzen noch 3, also 183 Welten insgesamt, die alle sich wie in einem sanften Tanz bewegen. Im Inneren des Dreiecks jedoch, dem ‚Feld der Wahrheit', liegen unbewegt die Vorbilder aller Dinge, die waren und sein werden"[70].

I. Kaiserliche Pfalz – Hell erleuchtete Säle

V. 6325	**kohobieren**	Mehrfach destillieren, durch Verdampfung Flüssigkeiten trennen.

I. Kaiserliche Pfalz – Rittersaal

V. 6405	**Atlas**	Der Sohn des Titanen Japetos wurde wegen seines Kampfes gegen die Olympier verurteilt, das Himmelsgewölbe auf seiner Schulter zu tragen.
V. 6411	**edel, groß**	Der Architekt negiert zwei wesentliche Begriffe der Formel von der „edlen Einfalt und stillen Größe", mit der Winckelmann das Wesen der griechischen Kunst beschrieben und damit auch die Klassik bestimmt hatte.

70 Vgl. Friedenthal, S. 681.

V. 6412	**Schmalpfeiler lieb ich, strebend, grenzenlos**	Das Bühnenbild für den Helena-Auftritt stellt einen dorischen Tempel dar, der als erster der griechischen Baustile noch eine schwere und ungegliederte Säulenordnung hatte. Er repräsentierte die Antike, war so Ausdruck der Klassik, zu der sich Goethe bekannte. Die vom Architekten beschriebene Baukunst ist die gotische, die Goethe als Stürmer und Dränger 1771 am Beispiel des Straßburger Münsters begeistert gefeiert hatte, von der er sich aber, nachdem die Romantiker und besonders die Nazarener sie für sich entdeckt hatten, abwandte. Es ist andererseits ein weiterer Berührungspunkt zwischen Antike und Romantik/Mittelalter, der den 3. Akt vorbereitet.
V. 6447	**Triglyphe**	Platten mit drei senkrechten Rillen eines dorischen Tempels, die jeweils mit einer Metope (glatt, bemalt oder reliefiert) wechseln und so den Triglyphenfries unter dem Tympanon bilden.
V. 6509	**Endymion und Luna**	Schäferszene aus dem Rokoko: Der Hirte Endymion, Sohn des Zeus und der Nymphe Kalyke, schlief, verzaubert durch Zeus oder durch Luna (Selene), als unsterblicher, schöner und jugendlicher Mann, durfte aber nicht erwachen. Luna stieg jede Nacht auf die Erde, um bei ihm zu wachen und ihn zu küssen. Gleichzeitig Motiv aus der Begräbniskultur: Der schlafende Jüngling war beliebt für Sarkophage.

II. Hochgewölbtes, enges, gotisches Zimmer

V. 6587	**rauchwarm**	Pelze werden auch als Rauchwaren (raue, d. h. behaarte Waren) bezeichnet: Die Hülle ist ein Pelz, deshalb warm.
vor V. 6592	**Farfarellen**	ital.: Schmetterlinge; aber auch in Dantes *Göttlicher Komödie, Inferno*, 21. Gesang, einer der zehn dort aufgeführten Teufel (Vers 120 ff.). Die Insekten gehören zum Teufel, der ja auch der Herr der Fliegen und Läuse ist (V. 1517), sind aber auch selbst teuflisch.
V. 6635	**Oremus**	lat.: Lasst uns beten!
V. 6638	**bemooster Herr**	Unter Studenten Bezeichnung für einen Altstudenten, der schon lange ohne Abschluss studiert.
vor V. 6689	**Bakkalaureus**	Niedrigster akademischer Grad, auch gegenwärtig. Goethe hat sich zu der Gestalt geäußert und sie für anmaßend gehalten, wie es „besonders der Jugend eigen ist"[71].
V. 6704 f.	**Fuchs, Bärtige**	Begriffe aus der Studentensprache: Student im ersten Semester, Professor.
V. 6729	**Chrysalide**	Puppe des Schmetterlings
V. 6734	**Schwedenkopf**	Kurze Haarfrisur; löste im 18. Jahrhundert den Zopf ab. Das Modell war der Haarschnitt Gustav Adolfs von Schweden.
vor V. 6772, 7003	**ins Proszenium, zum Parterre, ad spectatores**	In beiden Fällen nimmt Mephisto Kontakt zum Publikum auf, einmal rollt er mit einem Rollstuhl auf die Vorbühne, zum anderen wendet er sich direkt an den Zuschauer (lat.: spectator). So kann er seine Allgegenwärtigkeit demonstrieren.

---

71 Eckermann (6. Dezember 1829), S. 506.

		Er ist in der Handlung und tritt auch aus ihr heraus. Eine ähnliche Funktion hat Thersites in Shakespeares *Troilus und Cressida,* was möglicherweise die Maskerade Mephistos als Thersites (vgl. vor V. 5457) mitbegründet hat.

II. Laboratorium

V. 6851 ff	**komponieren, verlutieren, kohobieren, organisieren, kristallisieren, Phiole**	Begriffe aus der Alchimie/Chemie: zusammensetzen, luftdicht mit Lehm verschließen, durch Destillieren klären, von innen heraus sich ausbilden, von außen her zusammensetzen, kugelförmiger Glasbehälter (Kolben, Retorte).
V. 6864	**Kristallisiertes Menschenvolk**	Verkalkte, versteinerte oder gefrorene Menschen, wie Lots Frau, die zur Salzsäule erstarrte (1. Moses 19, 26), oder auch Begräbnissitten der Äthiopier einbeziehend, wie sie Herodots Geschichtswerk (3. Buch, 20. Kapitel) beschreibt.
V. 6879 ff.	**Homunkulus**	lat.: Menschlein, von homo = Mensch. Seit dem 16. Jahrhundert versuchten Alchimisten, den künstlichen Menschen zu erzeugen. Paracelsus gab dafür 1616 eine Anleitung: Männlicher Same sollte in geschlossenen Kolben in Fäulnis übergehen und daraus entstünden „homunculi“.[72] Goethe sah Homunkulus gegenüber Mephisto im Vorteil, weil er ihm geistig ebenbürtig sei, aber „durch seine Tendenz zum Schönen und förderlich Tätigen so viel vor ihm voraus hat“[73].

72 Friedrich, S. 347.
73 Eckermann (16. Dezember 1829), S. 508.

V. 6903 ff.	**Klar Gewässer ..,**	In Fausts Traum verführt Zeus in Schwanengestalt Leda und zeugt Helena. Anregungen bekam Goethe von Correggios Gemälde „Leda mit dem Schwan" (nach 1530).
V. 6952 ff.	**Peneios, Pharsalus**	Auf den pharsalischen Feldern (vor V. 7005) in Thessalien beginnt die *Klassische Walpurgisnacht*: Hier schlugen 196 v. d. Z. die Römer Philipp V. von Makedonien, 168 v. d. Z. wurde Perseus von Makedonien vom römischen Konsul Ämilius Paulus besiegt, und 48 v. d. Z. fand die Entscheidungsschlacht zwischen Cäsar und Pompejus statt, die Cäsars Alleinherrschaft begründete und den Übergang von der altrömischen Republik zum Kaiserreich einleitete. An diesem Ort lösten sich Herrschaftsformen ab und sogar nationale Kulturen, denn 168 v. d. Z. trat die griechische hinter die römische Macht zurück. Peneios ist der Hauptfluss der Landschaft, die wegen ihres Wasser- und Pflanzenreichtums oft besungen wurde; er mündet in die Ägäis. Zu Beginn des Tales steht die mächtige Kreuzfahrerburg von Platamonas aus dem 12. Jahrhundert. Das Territorium war zur Zeit der Textentstehung von den Türken besetzt, die Griechen führten gegen sie einen Befreiungskrieg, in dem Lord Byron starb. Byron hatte die Landschaft von Epirus und Thessalien unter türkischer Herrschaft im 2. Gesang von *Childe Harold's Pilgrimage (Ritter Harolds Pilgerfahrt*, 1812) geschildert.
V. 6961	**Asmodeus**	vgl. Asmodi (V. 5378); hier der Teufel überhaupt

V. 6971	**Heidenriegel**	Mephisto gehört zur christlichen Kultur des Nordens; Homunkulus sucht die antike Kultur des Südens. Zwischen beiden befindet sich nach Mephisto der „Heidenriegel". Mephisto stellt sich damit in die Tradition des Christentums und überlässt Homunkulus die Antike, die er nicht akzeptiert („Das Griechenvolk, es taugte nie recht viel!", V. 6972).
V. 6977	**thessalische Hexen**	Lasterhafte Zauberinnen, die den Mond beschwören konnten und so Mondfinsternisse bereiteten (vgl. Plutarch, *Über den Verfall der Orakel*, Kap. 13). Zahlreiche Mythen wurden in Thessalien angesiedelt (Kentauren, Chiron, Peleus, Alkestis, die Argonauten usw.). In einer Zeichnung Goethes werden thessalische Zauberinnen in ihrer Mondbeschwörung dargestellt. Goethe war sich bewusst, mit den thessalischen Hexen einen Hinweis gegeben zu haben, den nur Eingeweihte zu würdigen wussten.[74]

II. Klassische Walpurgisnacht – Pharsalische Felder

vor V. 7005	**Klassische Walpurgisnacht**	Erklärungen werden auf Notwendigstes beschränkt. Goethe verwendete herausragende Mythenkreise: die Tantaliden, zu denen Goethes *Iphigenie auf Tauris*, aber auch Helena gehörte, die Argonauten samt Orpheus, die Arbeiten des Herakles. – Parallele zur *Walpurgisnacht* im 1. Teil: Die nordische W. spielt im Harz, diese im mythischen Griechenland, der „Klassik".

74 Eckermann (21. Februar 1831), S. 601.

vor V. 7005	**Erichtho**	Thessalische Hexe, die über den Ausgang der Schlacht befragt worden war, als Scheusal geschildert in Marcus Annaeus Lucanus' (39–65) Epos *Debello civili*, genannt: *Pharsalia* (4. Buch, Vers 507 ff.) („Nicht so abscheulich, wie die leidigen Dichter mich ... verlästern", V. 7007 f.).
V. 7012 ff.	**Wie oft schon wiederholt' sich 's**	Erinnerung an die verschiedenen Schlachten der Römer gegen die Makedonier, Cäsars gegen Pompejus, der Griechen gegen die Türken.
V. 7022	**Magnus**	„der Große", Beiname des Pompejus (106–48 v. d. Z.), Cäsars Gegner. Goethe setzte Plutarchs Biografie des Pompejus als bekannt voraus; zu der Zeit kannte jeder Gebildete „seinen" Plutarch.
V. 7077	**Antäus**	Riese, der durch Berührung seiner Mutter (Gäa = die Erde) neue Kraft bekam; Herakles überwältigte ihn, indem er ihn in der Luft erwürgte. Faust fühlt sich beim Betreten antiker Landschaft neu belebt.
V. 7083	**Sphinxe**	Menschlicher Frauenoberkörper auf Löwenunterleib, lat.: die Würgerin. Im griechischen Mythos gab es männliche und weibliche Sphinxe; sie waren ein Todessymbol. Ödipus löste das Rätsel der thebanischen Sphinx (V. 7185).
V. 7083	**Greife**	Adlerköpfige geflügelte Löwen, galten als Schatzhüter.
V. 7104 ff.	**Ameisen**	Auch: Imse, nach Herodot gab es in Indien fuchsgroße Ameisen, die Goldstaub gruben.
V. 7106	**Arimaspenvolk**	Sagenhaftes skythisches einäugiges Reitervolk im Nordosten Europas, raubten Gold.

V. 7123	**Old Iniquity**	Name einer das Laster verkörpernden Gestalt; allegorische Figur des Bösen, trat im Gefolge des Teufels auf, auch in Shakespeares *Was ihr wollt* und *Richard III*.
V. 7131	**Scharaden**	Sphinxe gaben Rätsel (Scharade = Silbenrätsel) auf. Das hier genannte (V. 7134 ff.) meint den Teufel: Dem Frommen ist er ein Brustharnisch (Plastron), auf den er einsticht (rapieren = fechten), dem Bösen ein Freund (Kumpan). Für Zeus aber ist das ein Schauspiel, denn er steht über Gut und Böse.
vor V. 7152	**Sirenen**	Jungfrauen mit Vogelleibern, die durch ihr Singen Seefahrer anlockten und scheitern ließen. Odysseus (Ulyss) entging der Vernichtung (Homer, *Odyssee* 12. Gesang, V. 173 ff.), da er seinen Begleitern die Ohren verstopfen und sich an den Mastbaum binden ließ (V. 7186).
V. 7199	**Chiron**	Ewig reitender weiser Zentaur (männlicher Oberleib auf Pferdeunterleib), Sohn des Kronos und der Philyra, die die Tochter des Okeanos ist (V. 7329). Kräuter- und Naturkundiger, Erzieher („edler Pädagog", V. 7337) der Argonauten, des Odysseus, Achills, Jasons und Herkules': Sein „Ich raste nicht" (V. 7332) hat faustisches Format.
V. 7219	**Alcides**	Herkules (Enkel von Alkaios, lat.: Alcaeus). Eine der zwölf Arbeiten des Herakles ist, die Stymphaliden zu töten.
V. 7220	**Stymphaliden**	Eiserne Vögel in Arkadien, die ihre Federn wie Pfeile abschießen konnten.

V. 7227	**Lernäische Schlange**	Schlange mit neun Köpfen, wurde einer abgeschlagen, wuchsen zwei neue. Herakles tötete sie, indem er die Halsstümpfe mit glühenden Holzpfählen ausbrannte.
V. 7235	**Lamien**	„Verschlingerin", zuerst hässliche weibliche Schreckgestalt, die zuvor eine schöne Geliebte Zeus' gewesen war, danach aber Kinder raubte; auch: weibliche Dämonen, die junge Männer anlockten und verführten, um deren Blut zu trinken.

II. Klassische Walpurgisnacht – Peneios

V. 7249	**Peneios**	der Flussgott des gleichnamigen Flusses
V. 7263	**Nymphen**	jungfräuliche Göttinnen, die die Kraft der Natur verkörpern, die tanzenden Gefährten Pans (vgl. V. 5818)
V. 7339	**Argonauten**	Mythische Helden (die Dioskuren Kastor und Pollux = Halbbrüder Helenas, die Boreaden Zetes und Kalais u. a.); sie segelten mit dem Schiff „Argos" nach Kolchis, um das Glück bringende Goldene Vlies (Lammfell) zu rauben; umfangreicher Mythos, zu dem u. a. Medea und Jason (V. 7374), Orpheus und Lynceus gehören, der als ungewöhnlich scharfsichtig galt (eigentlich: der Luchsäugige).
V. 7342	**Pallas, Mentor**	Chiron zweifelt an den Erfolgen seiner Erziehung; so auch hatte Pallas Athene, die sich in Mentor, den Freund des Odysseus, verwandelte und Odysseus' Sohn Telemachos erziehen wollte, nur bedingt Erfolg.

V. 7381	**Herkules**	Sohn des Zeus und der Alkmene, Held mit Kraft und Schönheit, verrichtete schwerste Arbeiten und Heldentaten, darunter die 12 im Dienste seines Bruders Eurystheus (eigentlich sein Oheim, V. 7389). Diente der Königin Omphale, aber auch anderen („den allerliebsten Frauen", V. 7390), sehr friedlich, pflanzte Bäume und spann Wolle.
V. 7383	**Phöbus**	griech: der Strahlende; Beiname des Apollon, der als Lichtgott verehrt wurde, aber unter anderem auch Gott der Poesie war.
V. 7384	**Ares, Hermes**	Kriegsgott, Götterbote
V. 7391 f.	**Gäa, Hebe**	Göttin der Erde, Göttin der Jugend und Mundschenkin der Götter. Herakles wurde mit Hebe verheiratet, nachdem er als Gott in den Olymp aufstieg.
V. 7420	**Eleusis**	Stadt nahe Athen an der Küste von Attika
V. 7435	**Achill auf Pherä**	Eine spätere Sage beschreibt, wie Achill wieder lebendig wurde und mit Helena, die aus dem Schattenreich („Selbst außer aller Zeit") zurückkam, verheiratet wurde.
V. 7450	**Manto**	Seherin und Priesterin Apollons, dem sie einen Tempel errichtete. Tochter des blinden Sehers Teiresias; hier: Sibylle und Tochter des Äskulap, des von Chiron erzogenen Gottes der Heilkunde.
V. 7465	**Hier ... Rom und Griechenland**	Bei Pydna wurden 168 v. d. Z. die Makedonier durch die Römer geschlagen; 148 v. d. Z. wurde Makedonien römische Provinz; die römische Herrschaft löste die griechische ab. Das Königreich ging in der Republik auf („Der König flieht, der Bürger triumphiert.", V. 7468).

V. 7490	**Persephoneia**	Tochter des Zeus und der Demeter, Frau des Hades und Herrscherin der Unterwelt, die aber zeitweise an die Oberwelt kommen durfte (wieder erwachende Natur); Toten-, Unterwelt- und Fruchtbarkeitsgöttin. Faust soll von ihr, wie einst Orpheus seine Frau Eurydike, allerdings mit mehr Glück, Helena zurück auf die Erde holen (V. 7493).

II. Klassische Walpurgisnacht – Am obern Peneios

V. 7519	**Seismos**	griech.: Erdbeben, auch Beiname Poseidons; hier: Dämon des Erdbebens. Poseidon schuf die Insel Delos (V. 7533), damit Leto ihre Kinder Artemis und Apollon vor der eifersüchtigen Hera geschützt in Ruhe zur Welt bringen konnte; er schafft nun ähnlich das neue Gebirge, eine neue Welt.
V. 7545	**Karyatide**	Tänzerinnen aus Karyä bei Sparta, die einen korbartigen Kopfschmuck trugen, in dem auch Opfergaben befördert wurden; wegen ihres aufrechten Ganges von der Architektur als Modell für Gebälkträgerinnen genutzt.
V. 7559	**der höchsten Ahnen**	Chaos und Nacht (nach Hesiods *Theogonie* Mutter und Tochter) sind nach den griechischen Weltentstehungsmythen die Urstoffe für die Welt.
V. 7560	**Titanen**	Frühes himmlisches Herrschergeschlecht; Kinder des Uranos und der Gäa, entmachteten ihren Vater und gaben Kronos die Macht, wurden aber von Zeus gestürzt und in den Tartaros geworfen. Der berühmteste Titan war Prometheus.

V. 7561	**Pelion und Ossa**	Gebirge in Thessalien, die die Titanen aufeinandergetürmt haben sollen, um den Olymp zu erstürmen. Ossa ist Heimat der Zentauren.
V. 7564	**Parnass**	Heiliger Berg, einer der Doppelgipfel war Apollon, den Musen und Artemis, der andere Dionysos geweiht, von den Römern mit der Dichtkunst verbunden.
V. 7606 ff.	**Pygmäen, Daktyle, Imse**	Zwergenvolk, gegen das die Kraniche Krieg führen (Homers *Ilias,* 3. Gesang, Vers 3 ff.); Däumlinge, die als kunstfertige Schmiede gelten; Imse = Nebenform zu Ameise. – Sie wirken zusammen, um das Metall aus dem durch das Erdbeben entstandenen Berg zu verarbeiten. Ihre Arbeit dient jedoch der Vernichtung und dem Krieg.
V. 7660	**Kraniche des Ibykus**	Der Mord an dem Dichter Ibykus wurde durch Kraniche aufgedeckt. Hier ist die Formulierung aber auch eine Verneigung vor Friedrich Schiller, der den Vorgang in seiner Ballade *Die Kraniche des Ibykus* schilderte und die Kraniche zu Rächern blutiger Verbrechen stilisierte.
V. 7678 ff.	**Blocksberg, Ilse, Heinrich, Schnarcher, Elend**	Orte aus dem Harz: Blocksberg = Brocken, Bach und Stein haben den Namen Ilse, Heinrichshöhe ist ein Fels auf dem Brocken; der Schnarcher ein Felsen bei Schierke, und ein Ort heißt Elend. – In diesem Umkreis spielt sich die nordische Walpurgisnacht in *Faust I* ab.
V. 7710	**Mannsen, Hansen**	umgangssprachlich für Männer, Hansen für Tölpel, Dummkopf (Mehrzahl von Hans)

V. 7732	**Empuse**	Den Lamien verwandtes wandlungsfähiges blutsaugerisches Nachtgespenst mit Eselsfüßen; hält den „Vetter" Mephisto zum Narren.
V. 7747	**Eselsköpfchen**	Zutat Goethes, die er aus Shakespeares *Sommernachtstraum* bezog.
V. 7774 ff.	**Lazerte, Thyrsusstange, Pinienapfel**	Beispiele für die Verwandlungskunst der Lamien: Eine wird eine Eidechse, wobei Goethe in den *Venezianischen Epigrammen* Prostituierte mit Lazerten vergleicht, die andere ein mit Efeu und Weinlaub umwundener Stab, der von einem Pinienapfel gekrönt wurde, aus der Begleitung des Dionysos. Immer sind sinnlich erregende Bedeutungen bei den Verwandlungen im Spiel.
V. 7811	**Oreas**	Bergnymphe, sie symbolisiert Urgestein wie den Pindus (V. 7814, Gebirgszug, trennt Thessalien von Epeiros) im Gegensatz zu dem soeben geschaffenen Berg des Seismos.
V. 7851	**Anaxagoras**	500–428 v. d. Z., Philosoph, glaubte an das Feuer als Urkraft der Welt, dessen Vertreter Gott Vulkan sei, deshalb hieß diese Theorie Vulkanismus oder Plutonismus. Goethe lehnte sie konsequent ab.
V. 7851	**Thales**	Einer der sieben Weisen Griechenlands, 639–546 v. d. Z. Er erklärte das Wasser als den Ursprung aller Dinge; Vertreter des Neptunismus, zu dem sich Goethe bekannte. Thales ist auch der Philosoph, dem Homunkulus' Schicksal anvertraut wird (V. 7948 ff.).

V. 7873	**Myrmidonen**	Volk im südlichen Thessalien, das von Zeus aus Ameisen geschaffen worden sein soll, Achill führte das Volk in den Trojanischen Krieg.
V. 7903 ff.	**Dreinamig-Dreigestaltete**	Die dreiköpfige Göttin des Mondes (zunehmender, voller und abnehmender Mond) hieß als Mondgöttin Luna, als Jagdgöttin Diana, in der Unterwelt Hekate oder Proserpina (Persephoneia).
V. 7959	**Dryas**	Baumnymphe (von griech: drys = Eiche)
V. 7967	**Phorkyaden**	Hässlichste und uralte Frauen der griechischen Mythologie, hatten zusammen nur ein Auge und einen Zahn und wohnten an einem Ort, an dem weder Mond noch Sonne schien. Sie waren Wächterinnen ihrer Schwestern, der Gorgonen.
V. 7989	**Ops und Rhea**	Lateinischer und griechischer Name für die Mutter des Zeus, Namen verweisen auf uraltes Göttergeschlecht.
V. 8029	**Hermaphrodit**	Zwitter, Sohn des Hermes und der Aphrodite, ein Doppelwesen aus Mann und Frau, Bezeichnung für Zweigeschlechtlichkeit

II. Klassische Walpurgisnacht – Felsbuchten des Ägäischen Meers

V. 8044	**Nereiden, Tritonen**	Töchter des Meergottes Nereus; Söhne des Triton, eines Sohns von Poseidon und dessen Frau Amphitrite, Doppelwesen aus Mensch und Delphin, mit Pferdehufen und Muscheltrompeten
V. 8071	**Samothrake**	Insel im Ägäischen Meer unweit der Peneios-Mündung, auf der die Mysterien der Kabiren gefeiert wurden.

V. 8074	**Kabiren**	phönizische Gottheiten in Knabengestalt mit großer Macht; menschenfreundlich, Retter in Seenot
V. 8082	**Nereus**	Meergott, der die freundlichen Eigenschaften der See verkörpert (im Gegensatz zu Poseidon).
V. 8116 ff.	**Troja, Ilios, Ulyssen, Circe, Zyklopen**	Bezieht sich auf den Trojanischen Krieg und Trojas (= auch Ilios) Untergang („Gerichtstag"), „rhythmisch festgebannt" in Homers *Ilias* und *Odyssee* und Vergils *Äneis* (V. 8116), auf die Irrfahrten des Odysseus, der bei der Zauberin Circe (verwandelte die Gefährten Odysseus' in Schweine, *Odyssee*, 10. Gesang), und den Kyklopen (einäugigen Riesen) war. Zu den K. gehörte Poyphem: Er verschlang Odysseus' Gefährten; Odysseus musste ihm das Auge ausbrennen, um fliehen zu können (*Odyssee*, 9. Gesang). Das „gastlich Ufer" war das Land der Phäaken (*Odyssee*, 6. Gesang), „der Seinen leichten Sinn": Odysseus' Gefährten öffneten den Sack des Windgottes Äolus und ließen dadurch die Stürme frei, die sie dann umhertrieben (*Odyssee*, 12. Gesang).
V. 8118	**Des Alten Wort, dem Frechen**	Der Alte ist Nereus, der Freche Paris.
V. 8137	**Grazien des Meeres, Doriden**	Weibliche Wassergottheiten voller Anmut und Freude wie die Nereiden, aber hier nach ihrer Mutter „Doris" benannt. Sie haben Seeleute gerettet und zu Liebhabern gemacht, von denen sie sich nicht mehr trennen wollten (V. 8395 ff.).

V. 8141	**Neptunus**	Meergott (griech.: Poseidon), dessen erzhufige Rosse das Wasser glätteten, mit dem Dreizack wühlte er es wieder auf.
V. 8144	**Venus Muschelwagen**	griech.: Aphrodite, bei Homer Tochter des Zeus und der Dione, auf der Insel Kypros (Zypern) bei Paphos (wird auch Kypris = Kyprosgeborene oder Paphia genannt) als Schaumgeborene an Land gekommene Göttin der Liebe, Sinnlichkeit und Schönheit
V. 8145	**Galatee**	Meeresnymphe, gehört zu den Nereiden, nach ihrem Vater Nereus, und zu den Doriden, nach ihrer Mutter Doris; die schönste Göttin nach Aphrodite-Venus. Galatee auf der Muschel / dem Muschelwagen der Aphrodite ist ein beliebtes Thema der Maler (Raffael, Carracci). Goethe beschrieb in *Philostrats Gemälde* (1818) Galatees Fahrt über das Meer ähnlich wie es am Ende des 2. Aktes (V. 8426 ff.) geschieht.[75] In der römischen Mythologie gibt es eine Beziehung zu Pygmalion: P. ist der Name eines kyprischen Königs und eines Künstlers, der Aphrodite anfleht, eine von ihm geschaffene Frauenstatue zum Menschen zu machen. Das geschieht und aus ihrer Verbindung geht ein Kind namens Paphos hervor. Im 18. Jahrhundert bekommt die zum Leben erweckte Statue den Namen Galatea.

75 Vgl. Goethe: *Philostrats Gemälde. Zyklop und Galatee.* In: BA 20, 193 f.

V. 8146	**Kypris**	Aphrodites Heiligtum ist K., sie wurde aber auch in Paphos (V. 8147) verehrt. Nachdem die olympischen Götter ihre Macht verloren, die Naturgötter sie aber behalten haben, tritt Galatee an die Stelle Aphrodites.
V. 8152	**Proteus**	Meergreis und Hirte der Robben, Wahrsager, der sich aber den Prophezeiungen entzog und zu ihnen überlistet werden musste; vielgestaltiger Verwandlungskünstler.
V. 8170	**Chelone**	Nymphe, in eine Schildkröte verwandelt; in ihrem Panzer („Riesenschilde“) stehen die Götterfiguren der Kabiren, mit denen der festliche Aufzug der Meeresgötter beginnt. Die Zahl der Figuren schwankte bei den Mythenforschern von drei bis sieben; Goethe ironisiert dieses Zahlenspiel („Sind im Olymp zu erfragen“, V. 8197).
V. 8220	**irden-schlechte Töpfe**	Die Kabiren wurden in Phönizien auch als Krüge mit Menschenköpfen analog zu den ägyptischen Kruggöttern dargestellt. Die Weisen, die sich über die Kabiren den Kopf zerbrechen (V. 8221), sind Friedrich Creuzer mit seiner *Symbolik und Mythologie der alten Völker, besonders der Griechen* (1811) und Friedrich Wilhelm Schelling, *Über die Gottheiten von Samothrake* (1815).
V. 8253	**Jungfernsohn**	Der künstlich geschaffene Homunkulus, der erst ein richtiger Mensch werden will, ist der „wahre“ ohne jede Zeugung entstandene Sohn. Eine Empfängnis hat nicht stattgefunden. Goethe reflektiert ironisch die unbefleckte Empfängnis der Jungfer (Jungfrau) Maria und die Geburt ihres Sohnes Jesus.

II. Klassische Walpurgisnacht – Telchinen von Rhodus

vor V. 8275	**Telchinen von Rhodus, Hippokampen, Neptunens Dreizack**	Der Aufzug der Meergötter geht weiter; nun erscheinen die sagenhaften Urbewohner von Rhodos, die sich als Erzschmiedekünstler einen Namen machten (Neptuns Dreizack, die Sichel des Saturn und der Koloss von Rhodos [Helios], eines der sieben Weltwunder, stammte von ihnen.). Sie reiten auf sagenhaften Seepferden mit Vorderhufen und Delphinschwanz (vgl.: Seepferdchen). Goethe folgte bei der Beschreibung einer Schrift von Johann Meursius *Rhodos oder Über die Denkwürdigkeiten jener Stadt und Insel* (lat., 1675).
V. 8289 f.	**Alllieblichste Göttin am Bogen ... den Bruder**	Luna, die Mondgöttin, (auch Artemis, Diana und Hekate) ist die Schwester von Helios, dem Sonnengott (seit dem 5. Jh. v. d. Z. mit Apollon gleichgesetzt). Helios hatte sich von Zeus die Insel Rhodos erbeten, ehe sie erstand, und nannte sie nach seiner Frau, der Nymphe Rhode.
V. 8292	**Päan**	Gesang, Preislied
V. 8301 f.	**Göttergewalt ... in würdiger Menschengestalt**	Die Telchinen stellten erstmals Götter in Menschengestalt, nicht mehr in Tiergestalt auf. Außerdem war es überhaupt ein künstlerischer Fortschritt, Menschen in der Bildhauerei zu gestalten. 700 v. d. Z. begann man lebensgroße Statuen zu schaffen, die noch unausgeprägte, anatomisch ungenaue menschliche Züge trugen (Kuros). Nach 305 v. d. Z. entstand der Koloss von Rhodos; 224 v. d. Z. stürzte er bei einem Erdbeben („Erdestoß", V. 8311) zusammen.

V. 8341	**Tauben, Paphos**	Tauben waren Vögel der Aphrodite, hier nun sind sie bei Galatee. Sie wurden aus Paphos (Zypern) gesendet, dem Ort, in dem beide Göttinnen verehrt wurden.
vor V. 8359	**Psyllen, Marsen**	Sehr alte afrikanische und italienische Völker, die wegen ihrer Schlangenbeschwörung und Heilkunst berühmt wurden. Nach Goethe lebten sie in Zypern und dienten Galatee. Sie führen Galatee und die Symbole heran, die alle weltliche Macht bisher überdauert haben (V. 8371 ff.): den Adler (Roms Herrschaft), den Leu (Venedigs Herrschaft, Markuslöwe), das Kreuz (Christentum, bevorzugt Engländer) und den Mond (Türkei, Halbmond).

III. Vor dem Palaste des Menelas zu Sparta

vor V. 8488	**Menelas zu Sparta**	Menelaos, König von Sparta, war Helenas Mann und der jüngere Bruder des Agamemnon, damit zum Kreis der Tantaliden gehörend: Iphigenie war seine Nichte (Goethe, *Iphigenie auf Tauris*).
vor V. 8488	**Chor gefangener Trojanerinnen**	Der Chor ist dem antiken Schauspiel zugehörig und begleitet, kommentiert oder deutet die Handlung. Die Trojanerinnen sind des Menelaos Kriegsbeute; das Modell für den Chor findet sich in Euripides' *Troerinnen*. Nach dem Vorbild der antiken Tragödie folgen einander Strophe (V. 8516 ff.), Gegenstrophe (V. 8560 ff.) und Abgesang (V. 8591 ff.). Die Folge wiederholt sich mehrfach (V. 8697 ff.).

vor V. 8488	**Panthalis, Chorführerin**	Den Namen führte Goethe erst nachträglich ein; er entnahm ihn einer Beschreibung des antiken Reiseschriftstellers Pausanias. Die bis dahin unpersönliche Gestalt bekommt damit Individualität und kann zur Partnerin Helenas werden.[76] Goethe verwendete den Namen für die Begleiterin Helenas bereits bei der Beschreibung der *Verherrlichung Helenas* von Polygnot: „Helena hat ihre zwei Frauen neben sich, Phantalis und Elektra; die erste steht bei ihr, die andere bindet ihr die Schuhe."[77]
V. 8492 f.	**Poseidon, Euros**	Herrscher des Weltmeeres, Attribut: Dreizack; einer der vier Hauptwinde bei Homer: Morgenwind, Ostwind
V. 8497 ff.	**Tyndareos**	Früherer Herrscher von Sparta, Gatte der Leda und dadurch Vater der Helena, nach dem Mythos war der Vater aber Zeus: Helena bezeichnet sich kurz darauf als „Tochter Zeus" (V. 8647). Kastor und Pollux wurden nach dem Mythos ebenfalls von Zeus mit Leda gezeugt. Helenas (Halb-)Schwester Klytämnestra, die Frau des Agamemnon, war die Tochter Tyndareos'. Als dieser aus Ätolien zurückkam, wo er Leda geheiratet hatte, baute er seinen Palast neben einem Hügel mit einem Tempel der Pallas Athene.
V. 8511	**Cytherens Tempel**	Paris („der phrygische" Räuber) raubte Helena aus diesem Tempel der Aphrodite, als sie dort opferte.

---

76 Vgl. dazu: Josef Mattausch: *Der Name – „lebendigster Vertreter der Person". Von den Figurennamen in Goethes Dichtung.* In: Impulse. Aufsätze, Quellen, Berichte zur deutschen Klassik und Romantik, Folge 10, Berlin und Weimar: Aufbau-Verlag, 1987, S. 156.

77 Goethe: *Polygnots Gemälde in der Lesche zu Delphi* (1803). In: BA 19, 403. – Der Aufsatz hat Beziehungen zum Helena-Akt und bietet Erklärungen der Ereignisse.

V. 8538	**Eurotas**	Fluss in der griechischen Landschaft Lakonien, an dem Sparta (antiker Name: Lakedämon, V. 8547) liegt.
V. 8551	**Schaffnerin**	Verwalterin, Aufseherin, von: schaffen
V. 8653	**die Stygischen**	Götter der Unterwelt, genannt nach dem Fluss Styx, der den Hades (Orkus, V. 8762 = die Unterwelt) in neunfacher Windung umfließt.
V. 8685	**Thalamos**	Schlafzimmer mit dem Ehebett
V. 8728	**Phorkys**	Der Chor erkennt in der angeblichen Schaffnerin eine der Phorkyaden, Töchter des Phorkys. Er erkennt nicht, dass in der Maske Mephisto steckt.
V. 8772	**mänadisch**	Die Mänaden begleiteten den Weingott Dionysos und tobten dabei bis zur Besinnungslosigkeit.
vor V. 8812 und 8812 ff.	**Choretiden**	Die einzelnen Chormitglieder entwickeln ein Streitgespräch mit Mephisto, in dem man sich zu beleidigen versucht; in dieser Form besonders bei Euripides. (1) Erebus = der finsterste Raum der Unterwelt, aus dem Chaos geboren; (2) Scylla = sechsköpfiges weibliches Ungeheuer, das Seeleute verschlang; [Tiresias: vgl. dazu V. 7450]; (4) Orion = riesiger Jäger, den Zeus als Sternbild an den Himmel setzte und der als Schatten in der Unterwelt (Orkus) jagt, (5) Harpyen = Fabelwesen, Vögel mit Mädchenoberleib; Göttinnen des Sturms, die Speisen, die sie nicht verschlingen konnten, verunreinigten sie (Unflat).

V. 8848 ff.	**Theseus, Helena**	Theseus wird mit Herakles verglichen, dem Urbild der Kraft und Schönheit, dem Volkshelden der Griechen. Mit Theseus begann Helenas abenteuerliches Leben; er raubte die junge, bei Goethe zehnjährige Helena – die „siebenjährige" Helena (V. 8850) wünschte Goethe in späteren Ausgaben korrigiert (Eckermann, S. 547) – und entführte sie auf die Burg Aphidnai in Attika, die seinem Freund Aphidnus gehörte. Ihre Brüder befreiten sie. Dann gewann Achills Freund Patroklos ihre Gunst, der Freund des Peliden (Achill wurde nach seinem Vater Peleus so genannt). Verheiratet wurde sie mit Menelaos; sie hatten die Tochter Hermione. Ihm folgte Paris als Liebhaber, „ein allzu schöner Gast", während Menelaos auf Kreta kämpfte. (Phorkyas-Mephisto gibt sich als kretische Kriegsgefangene aus, die während Helenas Abwesenheit nach Sparta gekommen sei; vgl. V. 8864.) Doch soll, nach einer anderen Sage, Paris nur ein Schattenbild der Helena nach Troja gebracht haben, während Helena selbst in Ägypten gelebt habe („du erschienst ein doppelhaft Gebild", V. 8872). Helena reflektiert ihre Geschichte nochmals auf Fausts Burg (V. 9250 ff.).
V. 8876	**Schattenreich/ Achill**	Nach einer späten griechischen Sage wurde Achill nach seinem Tode mit Helena, die auch aus dem Totenreich wiederkehren durfte, auf der Insel Leuke in der Donaumündung vermählt. Achill soll sich bereits während des Trojanischen Krieges in Helena verliebt haben.

V. 8887	**der Bösartige**	Der Chor spürt das Teuflische in Mephisto und vergleicht ihn mit unterschiedlichen Erscheinungen des Bösen: dem verkleideten Wolf (nach Matthäus 7,15: der Wolf im Schafspelz), dem Höllenhund Kerberus mit den (mindestens) drei Köpfen.
V. 8957	**Parzen, Sibyllen**	Vgl. V. 5305 ff., 7455. Sibyllen waren weissagende Frauen, anfangs nur eine Prophetin, die in Ekstase versetzt die Zukunft weissagen konnte. Goethe rechnete Manto und Phorkyas dazu.
V. 8969	**Rhea**	Tochter des Uranos und der Gäa, Frau des Kronos, die Göttermutter von Zeus, Hades, Hera usw.
V. 8996	**Taygetos**	das höchste Gebirge des Peloponnes
V. 9000	**cimmerische Nacht**	zu: Kimmerier, sagenhaftes Volk am Rande der Welt, wo es ohne Sonne lebt. Einige geschichtliche Daten um 700 v. d. Z. sind bekannt: Es drang über den Kaukasus nach Vorderasien ein und wurde um 600 v. d. Z. vernichtend geschlagen. Gemeint ist mit „cimmerisch" „nördlich".
V. 9054	**Deiphobus**	Sohn des Priamos und Bruder Paris', nach dessen Tod wurde er mit Helena verheiratet. Menelaos ließ ihn nach dem Fall Trojas verstümmeln und hinrichten.

III. Innerer Burghof

V. 9135	**Pythonissa**	Zauberin, nach Apolls Beinamen Pythios, weil er nach dem Sieg über den Drachen Python Pytho (Delphi) zu seinem Besitz machte; gemeint ist Phorkyas-Mephisto.

V. 9367	**Unterricht, warum die Rede**	Helena ist über die Reimstrophen des Türmers erstaunt, da die antike Dichtung keinen Reim kennt. Indem sie ihn lernt, dringt sie auch in die nordische Geisteswelt ein.
V. 9573	**Arkadisch**	Das griechische Bergland Arkadien wurde von Vergil als idyllisches Hirtenland verklärt und galt seither als ideales Land eines freien und unbefangenen Glücks und naturnahen Lebens, wo es keine zivilisatorischen Schäden gab. Goethe wurde durch zeitgenössische Berichte zu den Schilderungen angeregt, die Faust schon vor diesem Vers beginnt („dies Land", V. 9522 = Arkadien). Die beiden Bände der Erstausgabe der *Italienischen Reise* trugen auf den Titelblättern das Motto „Auch ich in Arkadien" und meinten damit eine klassische Landschaft, die zur glücklichen Idylle stilisiert wurde, aber verloren ging (BA 14, 900).

III. Schattiger Hain

V. 9599	**springt ein Knabe**	Nach einer späten griechischen Sage hatten Helena und Achill, die als Schatten auf der Insel Leuke lebten, einen geflügelten Sohn Euphorion (der Glückliche, der Begnadete), den Zeus durch einen Blitz tötete. Nach den Volksbüchern hatte Faust einen Sohn Justus Faust mit Helena. Die Motive wurden durch den Tod Byrons (1788–1824) zusammengefügt.
V. 9901	**Ikarus**	Er wurde gefangen gehalten im Labyrinth auf Kreta und versuchte mit seinem Vater Dädalus mit selbstgebauten Flügeln zu entkommen. Ikarus flog aber zu hoch in die Sonne und die aus Wachs und

		Federn bestehenden Flügel zerschmolzen. Er stürzte ins Meer. In den folgenden Versen sind zahlreiche Beziehungen zu Byron zu finden (V. 9907 Trauergesang auf Byron, V. 9914 Lied = Byrons Dichtung, V. 9916 Ahnen = Byrons Adel, V. 9933 am unglückseligsten Tage = Byrons Tod usw.)
V. 9975	**Asphodeloswiesen**	Wiese mit der lilienartigen Asphodelosblume in der Unterwelt, der Welt der Toten. Symbol unfruchtbaren Bodens, Aufenthaltsort der Seelen.
V. 9989 ff.	**Ewig lebendige Natur**	Die gefangenen Trojanerinnen werden zu Elementargeistern: Dryaden = Nymphen der Bäume, V. 9992 ff., Odeaden = Nymphen der widerhallenden Berge, V. 9999 ff., Najaden = Nymphen der Gewässer, V. 10005 ff. und Geister der Weinreben, V. 10011 ff.

IV. Hochgebirg

vor V. 10038	**Hochgebirg**	Der 4. Akt entstand zuletzt: Faust erwacht „auf vulkanisch-revolutionsaffinem Hochgebirge, gerät (...) in eine moderne Geschichtslandschaft, in die Bürgerkriegs-, Revolutions- und Post-Revolutionssphäre der Gegenwart.“[78] Goethe lässt Faust gegen die Vulkanisten argumentieren, während er sich als Neptunist verstand; die Neptunisten vertraten die Ansicht, dass das Leben und die Erdgeschichte im Wasser begonnen habe, die Vulkanisten führten das auf Magma-Eruptionen zurück.

---

78 Hans-Jürgen Schings: *Faust und die Schöpfung*. In: Jaeger u. a. (Hrsg.), S. 22.

V. 10050	**Juno, Leda, Helena**	Höchste Göttin, Frau des Zeus; Geliebte von Zeus; Tochter des Zeus: Aus drei Frauen setzt sich ein „göttergleiches Fraungebild" zusammen, dem ein „jugenderstes" menschliches Frauenbild entgegengesetzt wird. Nach der sinnlichen Vereinigung mit der göttlichen Frau Helena setzt sich in der Erinnerung die menschliche Frau durch. Das ist für den Schluss des Werkes wesentlich. Nicht Helena oder eine antike Göttin erlöst Faust, sondern Gretchen führt ihn in die höchsten Regionen. Im Grunde ist dieser Beginn des Aktes die Wiederholung des Beginns vom *Zweiten Teil* überhaupt: Hatte Faust sich dort mit dem „Abglanz" zufrieden gegeben gegenüber der Erkenntnis vom „höchsten Dasein", so gibt er sich nun mit Gretchen zufrieden gegenüber der göttergleichen Frau Helena. Symbolisch werden dafür Wolkenformationen eingesetzt: „Masse mit geballtem Zug" (V. 10044) ist eine Kumuluswolke, „zarter lichter Nebenstreif" (V. 10055) ist eine Zirruswolke.
V. 10061	**Aurorens Liebe**	Aurora ist die Göttin der Morgenröte; Symbol der frühen Liebe zu Gretchen.
V. 10094, 10131	**Ephes. 6, 12; Matth. 4**	Goethe hat mit eigener Hand diese Verweise auf Bibelstellen an den Text geschrieben; sie geben die Herkunft der Verse oder ihrer Inhalte an. Der Teufel versuchte Jesus zu verführen durch „alle Reiche der Welt und ihre Herrlichkeit", wie es Mephisto nun mit Faust versucht.
V. 10170	**allerschönste Frauen**	Mitten im Bild feudalabsolutistischer Herrschaft und Herrlichkeit, das Mephisto für Faust entwirft, weist er auf

		die Mätressen, die meist durchaus anerkannte, kulturell hoch stehende und einflussreiche Frauen waren, die zur politischen Ausstattung eines Hofes gehörten. Goethe hatte mit einer Mätresse seines Herzogs, der Schauspielerin Caroline Jagemann, die zur Frau von Heygendorf geadelt wurde, schlechte Erfahrungen gemacht. Ihretwegen wurde er 1817 als Theaterdirektor abgelöst.
V. 10176	**Schlecht und modern**	Dass Faust die Verkommenheit der absolutistischen Herrscher gemeint haben soll, wie man liest[79], ist zu bezweifeln, denn das Mätressenwesen, das zuvor beschrieben wird, galt nicht als unmoralisch, sondern war offizieller Bestandteil der Hofhaltung. Man denke an herausragende Gestalten wie Lady Milford (Schiller, *Kabale und Liebe*) und Gräfin Orsina (Lessing, *Emilia Galotti*); das war für Goethe nicht modern. Vielmehr trifft diese Fügung die von Mephisto vorgeschlagene Verführung, die ähnlich der sinnlichen Verführungen „grandios" (V. 10160) ist, wie sie die zeitgenössische Jugend verkündete. Es ist die „moderne"[80] Schnelligkeit, Leichtlebigkeit und Beschleunigung, die im 4. und 5. Akt ein „durchgehendes Grundmuster"[81] bildet. Die sprachliche Form der Fügung erinnert an Goethes Aufsatz *Antik und modern* (1818), in dem „modern" nicht negativ besetzt ist, sondern als Form des Inhalts erscheint, der antik sein sollte:

---

79 Vgl. Friedrich, S. 295; Hamm 1978, S. 211.

80 „Modern" ist nicht synonym mit „schlecht", wie die „moderne Maske" der griechischen Mythologie (vor V. 5299) belegt.

81 Schmidt, S. 265.

		„Jeder sei auf seine Art ein Grieche! Aber er sei 's."[82] Mephisto schlägt Faust eine romantische Landschaft vor, die der als „schlecht und modern" bezeichnet.
V. 10176	**Sardanapal**	Sprichwörtlich gewordener assyrischer König, der als weichlich galt und ein üppiges Leben geführt haben soll. Tatsächlich war er ein mächtiger assyrischer König, kämpfte gegen die Kimmerier und war von militärischem Erfolg. Er förderte die Wissenschaft, baute zahlreiche Heiligtümer und füllte mit den Töchtern der unterworfenen Fürsten seinen Harem. Byron hatte Goethe ein handschriftlich gewidmetes Exemplar der Tragödie *Sardanapalus* (1821) zugeschickt. Die Widmung galt Goethes Leistung für die National- und die Weltliteratur; sie wurde später mit dem Werk gedruckt. Es stellt einen Kunstgenuss anstrebenden Fürsten dar, der nicht erobern will, sich aber zuletzt tapfer verteidigt und sich mit Vermögen und Geliebter verbrennt.
V. 10259	**Genießen macht gemein**	In der Bedeutung: gemeinsam. Vgl. Goethes Gedicht *An den Mond.* Da heißt es „Einen Freund am Busen hält / Und mit dem genießt" (BA 1, 70).
V. 10266	**Kapitel**	Versammlung der Domherren, hier: Klerus
V. 10285	**Pfaffen waren 's auch**	Nach dem ursprünglichen Plan sollte Faust nach Euphorions Tod in den Krieg mit den Mönchen ziehen (Paralipomenon 70), „rächt den Tod seines Sohnes und gewinnt große Güter" (BA 8, 583).

82 Goethe: *Antik und Modern* (1818). In: BA 20, 223.

V. 10321	**Peter Squenz**	Er leitet in Shakespeares *Sommernachtstraum* ein Spiel der Handwerker; nach dieser Szene schrieb Andreas Gryphius seinen Schwank *Absurda Comica oder Herr Peter Squenz* (1657), in dem Squenz mit Dilettanten Theater spielt. Mephisto ruft zur „Quintessenz" (das Wesentliche) aus dem „Praß", dem Wust und Plunder auf. Das sind die „Gewaltigen".
vor V. 10323	**Die drei Gewaltigen**	Goethe gibt 2. Samuel, 23,8 ff. an. Es sind Helden Davids und sie heißen dort Jasobeam, Eleasar und Samma. Bei Goethe stehen sie auch für drei Lebensalter „von sehr verschiednen Jahren" (V. 10324). Die Namen Raubebald und Eilebeute stammen aus Jesaja 8,1–3 und betreffen dort einen Sohn und seine Mutter.

IV. Auf dem Vorgebirg

V. 10360	**Phalanx**	Schlachtordnung im Viereck. Die mit Lanzen bewaffneten Krieger halten um die gesamte Gruppe die Schilde nach außen und die Lanzen im Anschlag. Sie bewegen sich mit dem gesamten Viereck.
V. 10439	**Nekromant von Norcia**	Goethe erfand den Totenbeschwörer aus der italienischen Stadt Norcia, nachdem er bei der Cellini-Übersetzung auf das Motiv gestoßen war; die Gegend gilt als Spuk- und Zaubergegend.
V. 10791	**Morgenstern**	Mittelalterliche Schlagwaffe (Keule) mit einer eisernen Kugel an der Spitze, die ringsherum Eisenstacheln hat.
V. 10531 ff.	**Eilebeute**	Begleitet als Marketenderin Habebald. In Jesaja 8,3 bringt die Prophetin Eilebeute einen Sohn zur Welt, den Jesaja auf

		Geheiß des Herrn Raubebald nennt. In *Faust II* taucht sie plötzlich auf, als es gilt, eilig Beute zu machen.

IV. Des Gegenkaisers Zelt

V. 10872	**euch vier Würdigen**	Goethe geht auf das Reichsgrundgesetz, die Goldene Bulle, von 1356 zurück. Darin wurden die Privilegien der Kurfürsten festgeschrieben, ihr Wahlrecht des deutschen Königs und der erbliche Besitz ihrer Länder. Erzmarschall war der Kurfürst von Sachsen, Erzkämmerer der Kurfürst von Brandenburg, Erztruchsess der Kurfürst von der Pfalz und Erzschenk der Kurfürst von Böhmen. Der Erzbischof von Mainz war Kurfürst von Mainz und Erzkanzler des Reichs.
V. 10974	**Mit heiliger Signatur**	An diese Verse anschließend sollte Faust belehnt werden. Die Szene wurde ausgeführt, aber nicht aufgenommen. Sie findet sich in den Paralipomena 219/220. Darin heißt es „Sodann ist auch vor unserm Thron erschienen / Faustus, mit Recht der *Glückliche* genannt, / Denn ihm gelingt, wozu er sich ermannt, / Schon längst bestrebsam, uns zu dienen ... Den Ehrenschlag empfang er" und „Das weite Land noch unbesessen liegt." (BA 8, 643)

V. Offene Gegend

V. 11043 ff.	**Baucis, Philemon**	In Ovids *Metamorphosen*, 8. Buch, V. 631 ff. wird die Geschichte der beiden Alten geschildert, die Jupiter und Hermes – unerkannt – während ihrer Wanderung aufnehmen. Während alle, die die Götter abwiesen, im „Sumpf"

		versinken, bleibt ihre Hütte stehen und wird zu einem prächtigen Tempel, deren Priester beide werden, bis sie sterben und sich gleichzeitig in Bäume verwandeln. – Eine ähnliche Geschichte wird in 1. Moses 18, 1–12 berichtet; als Lohn für die Bewirtung wird der alten Sara ein Sohn verheißen, gleichzeitig der Untergang von Sodom verkündet.

V. Palast – Weiter Ziergarten

V. 11287	**Naboths Weinberg**	Goethe verweist auf das 1. Buch Könige, Kap. 21. König Ahab will den Weinberg des frommen Naboth an sich bringen. Der lehnt ab, aber Ahabs Frau verleumdet Naboth und lässt ihn ermorden. Ahab bekommt seinen Weinberg, wird aber nicht glücklich. Es ist der Parallelfall zum Untergang von Philemon und Baucis.
V. 11261 ff.	**Lemuren**	Als Skelett erscheinende ruhelose Geister; Goethe lernte sie durch ein Relief kennen, mit dem er sich in dem Aufsatz *Der Tänzerin Grab* (1812) beschäftigte und das er dort abbildete. Vgl. BA 20, 7 ff.

V. Palast – Grablegung

V. 11660	**Psyche mit den Flügeln**	Die Seele (Psyche) wurde in der bildenden Kunst oft als Jungfrau mit Schmetterlingsflügeln oder als Schmetterling dargestellt.
V. 11716	**Püstrich**	Feuer speiender Götze: In der hohlen Erzplastik wurde Wasser erhitzt, so dass die Figur Dampfstrahlen ausstieß.

V. Palast – Bergschluchten

vor V. 11844	**Bergschluchten**	Verschiedene Modelle werden von der Literaturwissenschaft für die Landschaft angenommen, wobei letztlich Goethes Anlage seine Erfindung ist. Anregen konnten der Berg Montserrat in Spanien (aus Berichten Wilhelm von Humboldts), der Monte Alvernia in Italien (Aufenthaltsort von Franz von Assisi), Gemälde und vor allem der Berg Athos in Griechenland.
vor V. 11844	**Anachoreten**	Einsiedler: Sie streben durch Buße nach Vereinigung mit Gott. Sie werden differenziert vorgestellt.
V. 11854	**Pater Ecstaticus**	Einsiedler, strebte in ekstatischer Vereinigung zu Gott und hat die Körperlichkeit verloren. Beiname des Heiligen Antonius.
V. 11866	**Pater Profundus**	Der aus der Tiefe rufende Einsiedler, fest im Glauben, aber noch der Offenbarung bedürftig. Beiname des Heiligen Bernhard von Clairvaux.
V. 11890	**Pater Seraphicus**	Einsiedler, der den hohen Engeln (Seraph = Lichtengel) gleicht. Beiname des Heiligen Franz von Assisi.
V. 11989	**Doctor Marianus**	Lehrer der Marienverehrung, Beiname mittelalterlicher Mystiker. Trägt Züge des erlösten Faust.
vor V. 12032	**Mater gloriosa**	lat.: gloria = Ruhm, Ehre; Mutter Maria im himmlischen Ehrenglanz, die ruhmreiche Mutter
V. 12037	**Magna Peccatrix**	Die große Sünderin; Maria Magdalena. (Lukas 7,37 ff.) Warf sich Jesu zu Füßen, salbte seine Füße und trocknete sie mit ihren Haaren.

V. 12045	**Mulier Samaritana**	Die Samariterin, (Johannes 4,5 ff.): Jesus bat sie am Jakobsbrunnen um Wasser und versprach das Wasser des ewigen Lebens.
V. 12053	**Maria Aegyptica**	Ägyptische Maria, Acta Sanctorum (Heiligengeschichte): Sie wallfahrte nach leichtfertigem Leben zum Heiligen Grab und büßte 48 Jahre in der Wüste ihre Sünden.
V. 12069	**Una Poenitentium**	Eine der Büßerinnen, von Goethe hinzugefügt: „sonst Gretchen genannt".
V. 12104	**Chorus Mysticus**	Geheimnisvoller, überirdischer Chor. Der ursprüngliche Chorus in Excelsis (himmlischer Chor) wurde ersetzt.

3.6 Stil und Sprache

ZUSAMMEN-FASSUNG

- → *Faust II* ist in vielgestaltigen Versen geschrieben, deren Wechsel bewusst vorgenommen wurde. Manche weisen auf die Vorbilder hin, wie die Terzinen auf Dante, Alexandriner auf den Klassizismus, Trimeter auf die altgriechische Tragödie.
- → Vers, Wort und Inhalt gehen eine Einheit ein.
- → Hoher Anteil antik-mythologischer Begriffe und Namen.

Wechsel der Versformen

Faust II ist durchgängig in vielgestaltigen Versen geschrieben. Nicht immer ist sofort einsichtig, welche Versformen Goethe benutzte, da er variierte, Versmaße frei verwendete und den Wechsel der Versformen bewusst als Gestaltungsmittel einsetzte. Eine Übersicht macht die Beziehung zwischen klassischer Antike und deutscher Mittelalter-, Klassik- oder Romantiktradition nachvollziehbar. Am häufigsten sind die für das Drama der Weimarer Klassik kennzeichnenden **Jamben** zu finden. Sie erscheinen in unterschiedlicher Zahl im Vers. Ariels Eröffnungsgesang und die Geister benutzen dagegen den **Trochäus**. Er gibt dem Vers statt jambischer Bewegung etwas Ruhendes, der Erde Verhaftetes. Damit stehen die Gesänge Ariels im Gegensatz zu den jambisch strukturierten Ansprachen der Erzengel im *Faust I*.

Verdrängter Knittelvers

Aber auch Faust spricht in seinem ersten Monolog nicht schlechthin Jamben, sondern sie gliedern sich zu **Terzinen**. Diese, in Dantes *Göttlicher Komödie* verwendet, sind eine bevorzugte Strophenform der Romantik. Der Faust des *Ersten Teils* agiert oft im Knittelvers (vier Hebungen und unregelmäßige Füllungen, Silbenzahl schwankt zwischen 6 und 16), der nun im *Zweiten Teil* verdrängt wird. Nur noch Ausnahmen wie Mephistos Worte bei seiner Rückkehr in Fausts Studierzimmer verwenden ihn („Blick ich hinauf, hierher, hinüber" V. 6570). Auch in Versmaß und Strophenform bahnen sich **Spannung und Ausgleich zwischen Klassik und Romantik** an. Das vollzieht sich im Reimunterricht zwischen Faust und Helena (V. 9372 ff.), als aus dem Blankvers, dem reimlosen, aber starren jambischen Fünfheber, der gereimte **Endecasillabo (Elfsilber)** wird.

Wechsel der Strophenformen

Neben den unterschiedlichen Versformen sind auch verschiedene Strophenformen zu finden, wobei die vierzeiligen Strophen auf das Volkslied weisen. Dabei werden bevorzugt **viertaktige Trochäen** verwendet, die im einfachen Volkslied (Man denke an Goethes „Sah ein Knab ein Röslein stehn"), aber auch in der anakreontischen Dichtung und in spanischen Romanzen vorkommen.

Übersicht über häufig verwendete Versmaße und -formen:

→ **Jambische Vierheber:** Sie kommen in der deutschen Dichtung vor, haben aber keine feste Tradition und sind deshalb seltener. Im *Faust II* wechselt Lynceus zwischen ihnen und den spanischen Trochäen, was zu unterschiedlichem Rhythmus führt.

→ **Blankvers**: jambisch fünfhebig, reimlos:
„Gefällt dir schon die Sprechart unsrer Völker" (V. 9372)

→ **Endecasillabo:** jambisch fünfhebig mit weiblichem Schluss (unbetonte Silbe), kann im Deutschen auch männlich, also betont sein, und Endreim:
„Helena: So sage denn, wie sprech ich auch so schön?
Faust: Das ist gar leicht, es muss von Herzen gehn." (V. 9377 f.)

→ **Madrigalvers**: jambisch mit freier Hebungszahl, Reim freiwillig:
„Mich freut, dass ich Euch hergeläutet" (V. 6727)
Häufigster und variantenreichster Vers im *Faust.*

- **Trimeter**: jambisch sechshebig, ohne feste Zäsur und ohne Reim (alt.: Senar), kann einzelne andere Versfüße aufnehmen (Trochäus = betont, unbetont; auch als Spondeus = betont, betont, Anapäst = unbetont, unbetont, betont):
  „Bewundert viel und viel gescholten, Helena,
  Vom Strande komm ich, wo wir erst gelandet sind" (V. 8488 f.)
- **Alexandriner:** jambisch sechshebig, Zäsur nach der dritten Hebung:
  „Es sei nun, wie ihm sei! Uns ist die Schlacht gewonnen" (V. 10849)
- **Terzinen**: jambische Fünfheber, die durch einen festen Reim geprägt werden: aba, bcb, cdc usw. Es ist das Versmaß von Dantes *Göttlicher Komödie*. Faust verwendet sie in seinem Eröffnungsmonolog in *Faust II,* in *Faust I* war die *Zueignung* in Terzinen gedichtet. „Des Lebens Pulse schlagen frisch lebendig" (V. 4679)
- **Trochäischer Viertakter** (auch**: spanische Trochäen**): trochäisch (betont-unbetont) vierhebig. Das *Cid*-Maß Herders in Übersetzungen, bevorzugt in der spanischen Literatur (Romanzen). Zwei dieser Viertakter bilden den trochäischen Tetrameter:
  „Wenn der Blüten Frühlingsregen" (V. 4613), als Liedstrophe: „Lass mich knien, lass mich schauen" (V. 9218)
- **Antiker Tetrameter** (auch: **Trochäischer Tetra- oder Achtheber**): trochäisch achthebig, bevorzugt in antiken Tragödien und Komödien verwendet, dort allerdings dipodisch gebaut (jeweils zwei Versfüße bilden eine engere Einheit). Deshalb auch von Phorkyas (Mephisto) am Hofe von Sparta verwendet, ohne die männliche Kadenz nach der 4. Hebung (Hebung mit Pause) einzuhalten:

„Tritt hervor aus flüchtigen Wol(ken), // hohe Sonne dieses Tags“ (V. 8909)

- **Adonischer Vers**: antiker Kurzvers aus Daktylus (betont, unbetont, unbetont) und Trochäus, oft als 4. Vers in sapphischen Oden zu finden. Im Deutschen auch gereimt. Er wird vor allem für Sprechchöre eingesetzt:
  „Ihr seid die Toren/Gebückt geboren“ (V. 5215 f.)
  Der Chor der Ameisen (V. 7586 ff.), die Daktyle (Däumlinge) und Pygmäen, Imsen und Lamien bedienen sich dieses Verses.
- **Freie Rhythmen**: metrisch und in der Silbenzahl nicht festgelegt, reimlos; erstmals von Klopstock verwendet. Sie waren zu Goethes Zeit die modernste Form:
  „Denn der Bösartige, wohltätig erscheinend, /
  Wolfesgrimm unter schafwolligem Vlies“ (V. 8887 f.)
- **Stanzen**: (von lat.: stanza = Zimmer [Reimgebäude]); mehrstrophige Gedichte mit acht Versen, strenger Reim: je Strophe drei Kreuzreime (abababʼ) und ein Paarreim (cc), meist jambisch, aber kein strenges Metrum bei Wieland und Goethe.
  Sie werden zu besonders feierlichen Anlässen eingesetzt, beim *Prolog im Himmel* und im *Trauergesang* auf Euphorion:
  „Nicht allein! – wo du auch weilest, /
  Denn wir glauben dich zu kennen;“ (V. 9907 f.)

Einheit von Vers, Wort und Inhalt

Einheit von Vers, Wort und Inhalt

Wie Vers, Wort und Inhalt eine unauflösbare Einheit eingehen, kann man durchgehend prüfen. Ein Beispiel: Faust wird von „vier grauen Weibern“ heimgesucht (vor V. 11384 ff.), die sich – wie die Hexen in Shakespeares *Macbeth* – vorstellen. Ihre Rede ist eintönig wie ihre Erscheinung: „grau“. Ihr Wechselgesang beängstigt durch einen unerbittlichen marschähnlichen Rhythmus. Nach der Folge von Einzelstimmen folgt ein chorisch gesprochenes Verspaar, bis die

„Sorge" mit dem gleichen Reim, mit dem sie zuerst gemeinsam aufgetreten sind (ein – nein), nur umgekehrt (nein – ein) sich herauslöst. Die Versfolge wird durch einen Reim geschlossen, der über „die sonst paarigen Chorzeilen" reicht: „der – – – – – Tod"[83].

Die **Semantik** (Bedeutung) wird in den Worterläuterungen aufbereitet. Auffallend ist der hohe Anteil antik-mythologischer Begriffe und Namen (s. S. 71 ff., besonders S. 89 ff. der vorliegenden Erläuterung).

---

83 Helene Herrmann: *Faust und die Sorge.* In: Dies.: Einfühlung und Verstehen. Schriften über Dichtung. Leipzig: Reclam, 1988, S. 129.

3.7 Interpretationsansätze

ZUSAMMENFASSUNG

Interpretationsansätze sind zahlreich und teils sehr aktuell. Es bieten sich an:

- → die historische und ökonomische Analyse
- → der Umgang mit Romantik und Antike im Stück
- → die unterschiedlichen Dichtungstraditionen im 3. Akt
- → Mephistos Doppeldeutigkeiten als Ausdruck des modernen Denkens
- → das Verständnis der *Klassischen Walpurgisnacht*, das Erdbeben als Revolutionssymbol
- → Fausts Schlussmonolog – Utopie und Irrtum
- → Fausts Erlösung, Christentum und Liebe

Die historische und ökonomische Analyse

Goethes ökonomische Gegenwart

Mögliche Interpretationsansätze sind zahlreich: Sie reichen von Faust als einem „haltlosen, pathologischen Versager“[84] bis zu Faust als uneingeschränktem Vorbild für den strebenden Menschen. **Konflikte** in *Faust II* sind historisch, ästhetisch und ökonomisch geprägt und erscheinen meist komplex: Die Geldsorgen bei Hofe in der „Kaiserlichen Pfalz“ sind historischer Natur und haben ökonomische Folgen; Fausts Irrtum am Ende, er höre den Fortschritt der menschlichen Kolonisation, entwirft die historische Utopie und ist zugleich Goethes ökonomische Gegenwart. Faust durchläuft die geschichtlichen Epochen von feudalem Absolutismus bis zu bürgerlichen Revolutionen. Der *Mummenschanz* ist für Faust anfangs ein letzter Versuch, den Kaiser zu einem „aufgeklärten Fürsten“ zu er-

---

84 Eibl, S. 9. Eibl verwendet eine These aus Wilhelm Böhms Buch *Faust der Nichtfaustische* (1933).

Goethes Ideal der Fürstenerziehung

ziehen. Faust versucht sich bei ihm als Lehrer und will Goethes Ideal der Fürstenerziehung verwirklichen. Der Kaiser möchte „mit eignen hohen Händen“ (V. 5003) die Schätze heben, die Mephisto verspricht; der aber empfiehlt, die Schätze durch „Bauernarbeit“ (V. 5040) zu erwerben. **Tätige Arbeit** ist ein Gedanke aufklärerischer Fürstenerziehung. Fausts-Plutus‘ Versuch scheitert, weil Mephisto die Geschichte weitertreibt und mit dem Papiergeld zaubert und so des Kaisers Probleme löst, ohne ihn tätig werden zu lassen. Dass es Goethe auf die Beschreibung zeitgenössischer Verhältnisse ankam, machte er in einem Gespräch mit Eckermann über den Kaiser und sein Reich deutlich:

> „Das Land ist ohne Recht und Gerechtigkeit, der Richter selber mitschuldig und auf der Seite der Verbrecher, die unerhörtesten Frevel geschehen ungehindert und ungestraft (...). Die Staatskasse ist ohne Geld und ohne Hoffnung auf weitere Zuschüsse.“[85]

Inflationierung der Schulden

Die Beschreibung des Reiches wurde historisch und aktuell verstanden: Eckermann bemerkte über die Szene 1829, dass Goethe „dadurch ein Hauptinteresse des Tages so bedeutend verknüpft und verewigt“[86] habe. Kaiser und Beamte erkennen nicht, dass die Beseitigung der Schulden durch das Papiergeld die inflationäre Situation des Staates weiter verschärft – der vom Kaiser unterschriebene Geldschein wurde „in dieser Nacht / Durch Tausendkünstler schnell vertausendfacht“ (V. 6072) –, das Bankwesen floriert, eine seither fortwährend bestätigte Erfahrung. Deshalb geht ein ergiebiger und nach wie vor aktueller Interpretationsansatz von der **finanziellen**

---

85 Eckermann (1. Oktober 1827), S. 363.
86 Ebd. (27. Dezember 1829), S. 513.

und wirtschaftlichen Analyse des geschilderten Staatssystems aus.

Neugliederung des Reiches

In dem Zusammenhang kann auch der historische Hintergrund die Neugliederung des Reiches als aktuellen Vorgang ausweisen: Es geht im 4. Akt *(Des Gegenkaiser Zelt)* um die **Restauration der feudalen Struktur**, wie sie der **Wiener Kongress** 1815 unternahm. Diese Restauration erweist sich als Farce und hat historisch nur kurzzeitig bis 1830 bzw. 1848 Bestand. Der Kaiser befördert u. a. wegen der militärischen Verdienste einen Fürsten zum Erzmarschall. Im Kampf selbst legte der Obergeneral das Kommando in aussichtsloser Situation nieder, Mephisto, begleitet von Faust, übernimmt den Befehl (V. 10707 ff.) und führt des Kaisers und seine Truppen zum Sieg. Befördert aber wird ein an diesem Sieg unbeteiligter Fürst. Vor allem die katholische Kirche (V. 10977 ff.) wird in alte Rechte, die 1803 beseitigt worden waren, wieder eingesetzt. Diese Restaurationsversuche sind seither, bezogen auf unterschiedliche gesellschaftliche Strukturen, an der Tagesordnung und bieten einen aktuellen Interpretationsansatz. Mehrfach wurden Veränderungen, die durch einen Krieg oder eine der Revolutionen durchgesetzt wurden, im weiteren geschichtlichen Verlauf zurückgenommen. Deutlich wurde das durch den Wiener Kongress 1815, der die Ergebnisse der Französischen Revolution negierte, durch die Machtergreifung Hitlers 1933, die alle sozialdemokratischen und sozialistischen Positionen von 1918 und die Demokratie der Weimarer Republik vernichtete u. a. Aber auch ein anderer Gegensatz wird deutlich: Hütte und Palast (5. Akt) stellen einen sozialen Widerspruch dar, der sich auch in Georg Büchners *Hessischem Landboten* (1834) findet.[87] Die ersten Szenen des 5. Aktes weisen ihn als Gegensatz von antikklassischem Ideal und modernem Produktionsprozess aus, in dem

---

87 Vgl. zur Verwendung dieses Gegensatzes bei Goethe: Scholz, S. 178 ff.

die Klassik keine Chance hat und untergeht (Philemon und Baucis; der Wanderer). Die Szenen werden über Sonnenschein, Sonnenuntergang, tiefe Nacht und Mitternacht ins Dunkle geführt.

Der Umgang mit Romantik und Antike

Der Karnevalszug

Die Thematisierung von Romantik, aber natürlich gleichermaßen der Antike, beginnt im Karnevalszug des 1. Aktes von *Faust II* und endet mit Fausts Grablegung. Die „Naturdichter, Hof- und Rittersänger" und Enthusiasten (nach V. 5294) – alles Spielarten romantischer Dichtungskonzepte –, die im Maskenzug mitziehen, kommen nicht zum Vortrag, weil sie sich gegenseitig behindern. Es werden nicht nur Themen romantischer Dichtung erwähnt (Natur, Minne, Ritter), sondern auch die philosophischen Schriftsteller der Romantik erscheinen ironisch zusammengefasst als „Enthusiasten". In der romantischen Zeitschrift *Athenaeum* (1798) wurde die „enthusiastische Kraft" der Romantiker der genialischen Kraft der Stürmer und Dränger entgegengestellt.[88] In den Maskenzug (vor V. 5299) wird in einer Regieanweisung eine bestimmte Literatur der Romantik beschrieben:

Die „Enthusiasten"

„Die Nacht- und Grabdichter"

> „Die Nacht- und Grabdichter lassen sich entschuldigen, weil sie soeben im interessantesten Gespräch mit einem frisch erstandenen Vampir begriffen seien, woraus eine neue Dichtart sich vielleicht entwickeln könnte." (nach V. 5298)

Das verweist auf **E. T. A. Hoffmann**, den Gespenster-Hoffmann, wie er von Zeitgenossen genannt wurde. Goethe hatte 1822 dessen *Meister Floh* gelesen. Im 8. Abschnitt des 4. Bandes von Hoffmanns

---

88 *Athenaeum*. Eine Zeitschrift von August Wilhelm Schlegel und Friedrich Schlegel. Berlin 1798. Auswahl, hrsg. von Gerda Heinrich. Leipzig: Reclam, 1978, S. 94.

Serapionsbrüdern (1821) findet ein **Gespräch über Vampire** statt, dem sich eine titellose „grässliche Erzählung“[89] anschließt, die von den Herausgebern der Werke Hoffmanns später *Vampirismus* genannt wurde. Darin wird die Tradition vampiristischer Literatur bis zu Lord Byron verfolgt. – Was *Faust II* im fast wortlosen Aufzug der Dichter im Mummenschanz an poetischen Erscheinungen benennt, sind **Spezifika romantischer Dichtung**, gekrönt von der Gespenstergeschichte, wie sie sich etwa bei dem Franzosen Prosper Mérimée, den Goethe schätzte, und in Hoffmanns „grässlicher Geschichte“ findet.[90] Goethe rechnete Hoffmann zur „mittleren Literatur“, die mit dem Anspruch der frühen Romantik nur noch wenig zu tun habe.[91] Dass die romantischen Dichter wort- und textlos im Maskenzug auftreten, hängt mit Goethes Ansicht zusammen, dass nur klassische Dichtung „durch und durch gut und tüchtig sei“[92].

Krankhafte Romantik?

Die romantischen Dichter „lassen sich entschuldigen“ (nach V. 5298) in Goethes Werk, statt ihrer erscheint die griechische Mythologie, „die selbst in moderner Maske weder Charakter noch Gefälliges verliert“ (vor V. 5299). Goethe lehnte Grauen und Spuk, diese „Verruchtheiten“, als krankhafte Erscheinungen ab. Der französischen Romantik warf er vor:

> „An die Stelle des schönen Inhalts griechischer Mythologie treten Teufel, Hexen und Vampire, und die erhabenen Helden der Vorzeit müssen Gaunern und Galeerensklaven Platz machen.“[93]

---

89 E. T. A. Hoffmann: *Die Serapionsbrüder*, 4. Band. In: Ders.: Poetische Werke. Band 4. Berlin: Aufbau-Verlag, 1958, S. 531.

90 1819 erschien der Roman *The Vampire* unter Byrons Namen und löste in Deutschland ähnliche Dichtungen aus, tatsächlich war er von dem Engländer John William Polidori (1795–1821), einem Freund Byrons.

91 Eckermann (3. Dezember 1824), S. 149.

92 Eckermann (17. Oktober 1828), S. 676.

93 Eckermann (14. März 1830), S. 536.

Im *Faust II* ist es gerade umgekehrt. Im *Mummenschanz* findet eine erste Auseinandersetzung mit der Romantik statt, die differenziert und ironisch gebrochen und dadurch charakterisiert wird, dass die romantischen Dichter ohne Text agieren.

Romantischer Mephisto, klassischer Homunikulus?

Im 2. Akt unterscheidet Homunkulus sich und Mephisto mit dem Wort „romantisch" und verwendet dafür das typisch romantische „Gespenst". Während Mephisto nur „romantische Gespenster" kenne, sei ein echtes Gespenst „klassisch" (V. 6946 f.). Danach wäre Mephisto ein Romantiker, Homunkulus ein Klassiker. Wie der Klassiker lehnt Homunkulus die in der Romantik beliebte Gotik ab: widrig, „spitzbögig, schnörkelhaftest", denn sie sei für Faust tödlich (V. 6929): Wenn er in den romantisch-gotischen Räumen erwache, sterbe er.[94] Die Klassik dagegen bietet „Waldquellen, Schwäne, nackte Schönen" (V. 6932), das ist Fausts Wunsch.

Dichtungstraditionen im 3. Akt

Ausgleich

Im 3. Akt, dem *Helena*-Akt, würden schließlich nach Goethe Klassisches und Romantisches, „beide Dichtungsformen entschieden hervortreten, und eine Art von Ausgleichung finden"[95]. Kunstkonzeptionen und Kunstgestaltung nehmen in *Faust II* großen Raum ein. Die Beziehung zwischen Mephisto und Faust kann auch als künstlerischer Wettstreit verstanden werden, in dem die Konzeption einer Kunst gesucht wird, die das Leben schön macht. Im 3. Akt treffen **unterschiedliche Dichtungstraditionen** von Antike, Klassik und Romantik aufeinander und werden zum Gegenstand eines Lernvorgangs Helenas – sie muss neben ihren antiken Trimetern

---

94 Die fast wörtliche Entsprechung zu diesem Vers findet sich in dem Aufsatz *Neudeutsche religios-patriotische Kunst* (1817), den Goethe und Johann Heinrich Meyer gemeinsam als Analyse der romantischen Kunstentwicklung verantworteten. An „dem ganzen gotischen Spitzen- und Schnörkelwesen" und anderem würden „Geschmack und Vernunft viel auszusetzen haben" (Vgl. BA 20, 69).

95 Eckermann (16. Dezember 1829), S. 509.

nun den Reim deutscher Balladen und Volkslieder verstehen und anwenden. Das Gewand der Antike – Metapher für die Form der antiken Dichtung – wird in die deutsche Landschaft mitgenommen. Die Chorführerin der Trojanerinnen, Panthalis, wird Helena in den Hades folgen, weil sie einen „Namen sich erwarb" (V. 9981). Die namenlosen Trojanerinnen, keiner Kunsttraditionen verpflichtet, werden zu Elementargeistern der Natur und sind darüber glücklich. Sie gehen in das sich erneuernde Universum ein, dem in der *Klassischen Walpurgisnacht* gehuldigt wurde. Mephisto legt seine Maskerade als Phorkyas ab und tritt wie ein Regisseur vor die Szene, „insofern es nötig wäre, im Epilog das Stück zu kommentieren" (nach V. 10038), und kehrt in seine nördliche Welt zurück.

Mephistos Doppeldeutigkeiten und das moderne Denken

Raufebold, Habebald, Haltefest und Eilebeute

In der gleichen Rolle wendet sich im 4. Akt Mephisto an den Zuschauer (ad spectatores, V. 10327). Er nennt ironisch romantische Attribute, wie sie bei Fouqué, aber auch Uhland, Tieck, Kleist und anderen üblich geworden waren: Harnisch, Ritterkragen, „allegorisch, wie die Lumpe sind" (V. 10329). Er bindet diese Attribute an Allegorien, beschworen aus alttestamentarischer Zeit, die aber schon die Strategien des modernen Kapitalismus beherrschen: 1. Raufebold: „mit der Faust gleich in die Fresse schlagen" (V. 10332), 2. Habebald: „Im Nehmen sei nur unverdrossen, / Nach allem andern frag hernach." (V. 10337 f.) und 3. Haltefest: „Zwar nehmen ist recht gut, doch besser ist's behalten" (V. 10342). Dazu gesellt sich Eilebeute, die Marketenderin: „Im Sieg voran! Und alles ist erlaubt." (V. 10536). Aus romantischen Attributen, alttestamentarischem Vorbild und frühkapitalistischen Verhaltensweisen werden neuartige Machtsymbole. *Faust I* hatte zwischen Schiller und Goethe zum Meinungsaustausch über die Erscheinungen von

Gattungsmischungen geführt.[96] Als die Romantiker die Grenzen zwischen den Gattungen durchlässig werden ließen, gingen auch Komisches und Tragisches im *Faust II* stärker ineinander über, und *Faust* wurde zum einzigen Beispiel einer wirklichen Tragikomödie bei Goethe.[97]

Mehrdeutige Empfehlungen, teuflische Ratschläge

Zu Beginn des *Zweiten Teils* ändert Mephisto die Strategie zur Lösung des Grundproblems, **einem erfüllten tätigen Leben**. Er wendet nicht mehr Zauber und teuflische Künste an, sondern seine Empfehlungen sind mehrdeutig und vernichtend. Das Teuflische an seinem Rat, nach Schätzen zu graben, ist die Doppeldeutigkeit: Wenn man „grabt und hackt", macht man sich die Natur dienstbar; wer aber nach einem Schatz zufällig gräbt, ist ein Tor. Auch dem Kaiser empfiehlt Mephisto: „Nimm Hack und Spaten, grabe selber, / Die Bauernarbeit macht dich groß" (V. 5039 f.). Der aber will die Zeit „in Fröhlichkeit" vertun (V. 5057). Goethe hat diesen Gedanken oft variiert. In seinem Gedicht *Der Schatzgräber* (1797) empfiehlt der „schöne Knabe", ein von Petrarca übernommener Einfall, dem Schatzgräber, sich nicht auf Beschwörungen zu verlassen, sondern sinnvoll tätig zu graben nach dem Motto „Tages Arbeit! Abends Gäste! / Saure Wochen! Frohe Feste! / Sei dein künftig Zauberwort."[98] Das Gedicht ist eine *Faust*-Variation, die als Ziel nicht höchste Erkenntnis, sondern einen Schatz stellt, wofür man sich mit „eignem Blut" verpflichtet.

---

96 Schiller schrieb am 26. Juni 1797 über den „Spaß und Ernst" im *Faust*, zwischen denen man „glücklich durchzukommen" habe; Goethe antwortete postwendend, das widerspreche seinem Plan nicht. In: *Der Briefwechsel zwischen Schiller und Goethe*. Leipzig: Insel-Verlag, 3. Aufl. 1964, 1. Bd., S. 350.

97 Vgl. dazu: Karl S. Guthke: *Geschichte und Poetik der deutschen Tragikomödie*. Göttingen: Vandenhoeck & Ruprecht. 1961, S. 86.

98 Goethe: *Der Schatzgräber* (1797). In: BA 1, 126.

Das Verständnis der *Klassischen Walpurgisnacht*, das Erdbeben als Revolutionssymbol

Ein umfangreiches Betätigungsfeld für Interpretationen bietet die *Klassische Walpurgisnacht* mit ihren Symbolen und Allegorien. Umgeben sind sie von zwei großen Bildern, dem Erdbeben und dem Meerfest, die über die Walpurgisnacht hinaus Leitbilder für das Verständnis des Werkes darstellen.

Erdbeben und Meerfest als Leitbilder

Erdbeben

Das Erdbeben verändert nicht nur die Landschaft, sondern auch die soziale Situation der Lebewesen, die in eine bedingungslose gegenseitige Vernichtung hineingestoßen werden. Sogar Mephisto wird von seinen Sphinxen getrennt, ihm wird der Weg verstellt (V. 7689 f., 7803 f.). Das Erdbeben steht symbolisch für die Französische Revolution von 1789 und für die Julirevolution von 1830.

Meerfest

Auf dem Höhepunkt des Meerfests verbinden sich Homunkulus und Galatea, Feuer und Wasser vereinigen sich zu neuer Qualität, ein evolutionärer Vorgang. Die Vereinigung von Feuer und Wasser ist das Kennzeichen moderner Technik und Naturwissenschaften um 1825, stellvertretend seien Eisenbahnen und Dampfmaschinen genannt.

Goethe hat die Vorgänge wahrgenommen und dem Faust II *eingeschrieben.*[99] *Er war sich bewusst, dass er manchen „Wink" und „leise Hindeutung" eingefügt habe und der Leser zudem mehr darin finden würde, als er geben konnte.*[100]

---

99 Vgl. dazu Schmidt, S. 215–219.
100 Brief an Sulpiz Boisserée vom 8. September 1831 (BA 8, 732 f.).

Vereinigung von Homunkulus und Galatea

Homunkulus, der künstliche Mensch, und Galatea, die schönste Meernymphe, vereinigen sich geradezu orgastisch – Homunkulus „ergießet sich schon" (V. 8472) – in Gegenwart der Wissenschaft (Thales) und des ständigen Wechsels (Proteus). Thales beschreibt die Folgen: „Mir ahnet das Ächzen beängsteten Dröhnens" (V. 8471). Wenn Feuer und Wasser zusammentreffen und Dampf entsteht, bleibt solches Dröhnen nicht aus. Goethe setzte **Vertrauen in die Eisenbahnen** und sah sie beteiligt bei der Herstellung eines einigen und großen Deutschland: „Mir ist nicht bange (...), dass Deutschland nicht eins werde; unsere guten Chauseen und künftigen Eisenbahnen werden schon das ihrige tun"[101]. Von Einfluss waren auch die Erfahrungen, die Goethe 1826 durch Herzog Karl Bernhard, den zweiten Sohn des Herzogs Karl August, von seinem Amerika-Aufenthalt vermittelt bekam.[102] Die Utopie des kolonisierten Landes, in dem der Flüsse Lauf „geregelt", unbewohntes Land bewohnbar, Wohnungen im Felsen und Gärten im Sand entstehen werden, erinnert an Fausts Utopien.[103]

Herzog Karl Bernhards USA-Reise (1825/26)

Als eine überschaubare Definition für die ***Klassische Walpurgisnacht*** *bietet sich an, sie als Gesamtbild der europäischen Zivilisationsgeschichte zu begreifen, die vom griechischen Urmythos als Ausgangspunkt der Zivilisation über die mythische Geschichte bis in die industriell-technische Revolution um 1830 reicht.*

Fausts Schlussmonolog – Utopie und Irrtum

Utopie und Irrtum

Fausts **Schlussmonolog** ist eine große Utopie, aber ein ebenso großer Irrtum Fausts. Faust entwirft das Bild einer Gesellschaft, in der Besitz bestimmt: Faust. Der Besitz verschafft Freiheit und

---

101 Eckermann (23. Oktober 1828), S. 434.
102 Klingenberg, S. 82 f.
103 Goethe: *Dem aus Amerika glücklich-bereichert Wiederkehrenden.* In: BA 2, 311.

verhilft zu neuem Besitz. Faust scheint nochmals in unternehmerischen Kategorien zu denken („Eröffn' ich Räume vielen Millionen"). Wenn das Spaten- und Schaufelgeklirr Faust anregt, seine Utopie zu beschreiben, die des neuen Besitzes und der besiegten Natur, wird in Wirklichkeit sein Grab geschaufelt. Die da graben, sind nicht die fronenden Knechte oder die geworbenen Arbeiter, sondern die „geflickten Halbnaturen", die „schlotternden Lemuren". Wenn Faust meint, „Räume vielen Millionen" öffnen zu können, so öffnet sich nur sein Raum, das Grab.

Der „letzte, schlechte, leere Augenblick"

Sein „höchster Augenblick", in dem er glaubt, seine Wettformel einsetzen zu dürfen („Verweile doch, du bist so schön!"), ist der „letzte, schlechte, leere Augenblick" (V. 11589). Faust hat seine Wette verloren, denn er hat die Formel gesprochen, aber er hat sie auch gewonnen, denn dieser Augenblick entspricht nicht dem erwünschten Ziel. Mephisto muss nicht mehr darüber sprechen. Dass er seinen Wettgewinn, die Seele Fausts, verliert, liegt an seiner Unfähigkeit, die Zwiespältigkeit des Wettausgangs zu nutzen: „Du bist getäuscht in deinen alten Tagen / Du hast 's verdient" (V. 11833). Fausts „freies Volk" ist zusätzlich eingegrenzt: Darin finden sich nur Männer, „Kindheit, Mann und Greis", auch gilt es nur für die Besitzenden des „freien Grundes". An eine Verteilung zu Gunsten aller war nicht zu denken. Frauen und Besitzlose waren nicht mitgedacht beim „freien Volk" „auf freiem Grund". Das ursprünglich antike Ideal der Demokratie, in der nur waffenfähige freie Männer wählen durften, ist zu erkennen.

Faust verliert Wette, Mephisto den Wettgewinn

Katholische Rituale

Der **Epilog** *(Bergschluchten)* verwendet Personen und Attribute, Verhaltensweisen und Rituale katholischer Herkunft, vor allem im Umfeld der Mater gloriosa, der Jungfrau Maria. Dennoch hat das Ende wenig mit Christentum und kaum etwas mit dem Katholizismus zu tun, obwohl ihm das Heinrich Heine, F. T. Vischer (Goethe habe zu „stockkatholischen Bildern" gegriffen) und andere vorwarfen. Es ist eine nochmalige Beschäftigung mit romantischem Denken. Um 1800 beschäftigten sich die **Romantiker** enthusiastisch mit der Mystik. Damit begann die **Wiederentdeckung der Religion**, aus der sich allmählich die Identifizierung von romantischer Religiosität mit dem Katholizismus entwickelte, die bis zur Konversion mehrerer romantischer Dichter führte. 1808 traten zum Beispiel Friedrich Schlegel und Dorothea Schlegel im Kölner Dom zum Katholizismus über. Das Ereignis wurde heftig und umfänglich diskutiert. Goethe hatte seit Jahrhundertbeginn die sich entwickelnde Romantik sorgfältig beobachtet, ihre Verdienste ebenso erkannt wie ihren Geist, der „Wunder gewirkt, deren wir uns alle freuen“[104]. Aber er hatte auch den „neuen altertümelnden, katholisch-christelnden Kunstgeschmack“ harsch angegriffen, der „echte Kunst und die Art, sie zu fördern“, verhindere.[105]

Fausts Erlösung, Christentum und Liebe

Gretchen, eine der Büßenden

Fausts Erhebung in höhere Sphären geschieht durch Liebe, die aber nicht göttlicher Art ist, sondern irdische Erinnerung an Gretchen, „Una Poenitentium“, eine der Büßenden. „Sonst Gretchen genannt“, hat Goethe eigenhändig an dieser Stelle zugefügt. Vorbereitet wird das durch den Angriff der Engel mit Rosen auf die Teufel, aus den Rosen werden „Flammen, die fröhlichen, / Liebe verbreiten sie“ (V. 11726 f.). Fausts Erlösung bringt auch die Vereinigung mit Gretchen, die körperliche eingeschlossen, denn Gretchen beschwört die frühere Situation herbei, nun ungetrübt vom Teufel: „Der früh Geliebte, / Nicht mehr Getrübte, / Er kommt zurück.“ (V. 12073 ff.) Das Ewig-Weibliche ist nicht Eigenschaft der Mater

---

104 Diese Entwicklung wird berichtet in dem Aufsatz *Neudeutsche religios-patriotische Kunst* (1817), den Goethe und Johann Heinrich Meyer gemeinsam als Analyse der romantischen Kunstentwicklung verantworteten. Vgl. BA 20, 69.

105 Ebd., S. 70.

gloriosa, sondern wird durch Gretchen verkörpert, mit der Faust so sinnlich erfüllte Liebe genoss, dass er nach dem Verlust Helenas sich endlich nur noch an sie erinnerte, an „jugenderstes, längst entbehrtes höchstes Gut“ (V. 10059). Goethe hatte den Chorus mysticus, den geheimnisvollen Chor, der das Werk beschließt, ursprünglich als Chorus in Excelsis, einen himmlischen Chor, bezeichnet. Dass er die Bezeichnung änderte, verstärkt die nichtkatholische und weltliche Prägung des Epilogs.

4. REZEPTIONSGESCHICHTE

ZUSAMMENFASSUNG

- → Reaktionen auf die *Helena*-Dichtung (1827)
- → die Schwierigkeiten des *Faust II* und die ausbleibende Popularität
- → Kürzungen, Bearbeitungen und Parodien im 19. Jahrhundert
- → *Faust II*-Deutungen und Gestaltungen über fast 200 Jahre
- → die Inszenierung und *Faust*-Konferenz 2006 am *Deutschen Theater*

Die Schwierigkeiten des *Faust II* und die ausbleibende Popularität

Beifall für das *Helena*-Fragment

Als 1827 der 3. Akt *(Helena. Klassisch-romantische Phantasmagorie. Zwischenspiel zu Faust)* als Fragment erschien, fand er Zustimmung. Die Euphorion-Gestalt wurde als Byron erkannt, wozu Goethe mit einer „mündlich und still uns vertrauten Äußerung"[106] selbst beigetragen hatte. Goethe hatte die Hoffnung, seine deutschen Leser würden *Faust II* insgesamt „durchdringen", „verstehen" und „sich es aneignen", während seiner Meinung nach das Ausland nur jeweils eine dieser Aneignungen bediene.[107] Doch seine Hoffnungen erfüllten sich nicht. Als nach Goethes Tod *Faust II* erschien, stieß das Werk „fast überall auf Unverständnis und Ablehnung" (BA 8, 781). Berühmte Autoren der Zeit wie Franz Grillparzer, Friedrich Hebbel und Gottfried Keller fanden keinen Zugang, Heinrich Heine

106 Der Berliner Publizist und Historiker Friedrich Förster berichtete darüber im *Berliner Conversationsblatt für Poesie, Literatur und Kritik* am 14. und 16. Juli 1827. Vgl. auch: BA 8, 780.

107 Vgl. Goethe: *Helena in Edinburgh, Paris und Moskau* (Über Kunst und Altertum 6. Bd., 2. Heft, 1828). In: BA 18, 418.

verspottete *Faust II* sogar. Der Schriftsteller und Dramaturg Julius Mosen, der mit *Faust*-Interpretationen und Inszenierungen aufgefallen war, zog sich 1845 ganz auf den ersten Teil zurück und fand, dass „die Tragödie (...) schon hier ihr Ende“[108] finde. Spezialisten wie Eduard Devrient (1801–1877) stellten fest, dass Goethe bei vielen Dramen „auf deren Aufführbarkeit nur sekundäre Rücksicht“ genommen hätte und im Falle des *Faust II* „ganz von der Bühnenrealität abgesehen“ habe.[109] Goethe hatte in den Gesprächen mit Eckermann Ähnliches über den Mummenschanz vorausgesehen: „Es würde ein sehr großes Theater erfordern (...) und es ist fast nicht denkbar. (...) (Das) Ganze ist viel zu groß und erfordert einen Regisseur, wie es deren nicht leicht gibt“[110].

Mangelnde Spielbarkeit?

Faust II wurde nie so populär wie der erste Teil oder stieg gar wie dieser zum nationalen Kunstwerk auf. Nachdem Karl von Holtei 1828 den *Helena*-Akt in Weimar gelesen hatte, vergingen einundzwanzig Jahre: Erst 1849 führte Karl Gutzkow anlässlich des 100. Geburtstages Goethes unter dem Titel *Der Raub der Helena* „theatralisch Brauchbares“[111] aus *Faust II* am Dresdner Hoftheater auf. In seinen Erinnerungen bestätigte Gutzkow, dass diese Bearbeitung nicht problemlos war:

Gutzkows Bearbeitung

> „Nur musste die Musik stark eingreifen und sowohl die Lücken und Übergänge verdecken als die starken Anmutungen an märchenhafte Voraussetzungen unterstützen. (...) Theodor

---

108 Julius Mosen: *Über Goethes Faust*. Eine dramaturgische Abhandlung (1845). In: Ders.: Sämtliche Werke. Leipzig: Verlag von Louis Zander, 1871, 8. Bd., S. 164.
109 Eduard Devrient: *Geschichte der deutschen Schauspielkunst*. Bd. 2, Berlin: Henschelverlag, 1967, S. 182.
110 Eckermann (20. Dezember 1829), S. 511 f.
111 Karl Gutzkow: *Werke*, hrsg. von Peter Müller. Bd. 4, Leipzig und Wien o. J., S. 421.

Liedtcke[112] spielte den an sich unerquicklich, ich möchte sagen zu goethisch gewordenen Faust, der sich mit dem Zaubergebilde der Helena, das ihm Mephisto gestellt hat, vermählt, wodurch gewissermaßen Goethes Doppelnatur, die deutsch-vaterländische und die griechisch-künstlerische, erklärt werden soll. Die Szene bei Hofe, des Dichters zahmer Spott auf weimarische Zustände, fand besondern Anklang."[113]

Kürzungen, Bearbeitungen und Parodien im 19. Jahrhundert

Gutzkow gehörte zum Jungen Deutschland, das sich unterschiedlich zu *Faust II* verhielt: Während sich Gutzkow um eine Inszenierung bemühte, war Gustav Kühne gegen das Stück.[114] Eckermann hatte das Stück 1834 für drei Abende in Weimar eingerichtet; es wurde nur der erste Abend *Faust am Hofe des Kaisers* am 20. Oktober 1852 einmal gegeben, die beiden anderen Abende zweimal 1856.

Uraufführung 1876

Kürzungen und starke Bearbeitungen waren auch später die Regel. Die Uraufführung fand erst 1876 statt: Otto Devrient (1838–1894), Eduard Devrients Sohn, führte beide Teile gemeinsam in Weimar auf und spielte selbst den Mephisto (BA 8, 786). Die gewaltigen Veränderungen des 19. Jahrhunderts, die politischer, technischer, wissenschaftlicher und ethischer Natur waren, schienen aber nicht mehr ihre Entsprechungen in Goethes *Faust II* zu finden, glaubte man in dieser Zeit. Der Mühe, in den Symbolen und Allegorien Vorwegnahmen dieser Entwicklungen zu erkennen, un-

---

112 Theodor Tiedtcke (1823–1902) wurde 1849 auf Betreiben Gutzkows an das Dresdner Hoftheater verpflichtet. Bei der 3. Aufführung des Stückes blieb er in den Seilen hängen, die ihn während seiner Luftfahrt hielten, und er sah sich so tödlich bedroht, dass er während der Vorstellung mit den Schnürbodenarbeitern zu streiten anfing. Das war das Ende der Inszenierung.

113 Ebd.

114 Vgl. dazu ausführlich: Walter Dietze: *Junges Deutschland und deutsche Klassik.* Berlin: Rütten & Loening, 1958, S. 92 ff.

terzog man sich kaum. Ehe sich das Werk auf den Bühnen durchgesetzt hatte, wurde es bereits parodiert[115] und kritisiert. Führend war bei den Parodien der Schriftsteller Friedrich Theodor Vischer, der 1862 seinen erfolgreichen *Faust. Der Tragödie dritter Teil* unter den Pseudonym Deutobold Symbolizetti Allegoriowitsch Mystifizinsky veröffentlichte, 1886 verändert und erweitert. Nicht nur Goethes *Faust* wurde parodiert, sondern vor allem seine Ausleger[116], die „Stoffhuber" und die „Sinnhuber" wurden seither als Typen populär. Vischers Haltung zu Goethes *Faust II* sei mit einer Passage aus einer anderen Goethe-Schrift des Verfassers charakterisiert:

Der Tragödie dritter Teil

> „(...) dieser zweite Teil *Faust* nimmt da und dort bedeutende poetische Anläufe, lässt da und dort den echten Geist Goethes durchblicken, ist aber im Ganzen eine Reihe lederner, abstruser Allegorien und verläuft nicht nur durch sie, sondern namentlich auch durch seine senilen Sprachschnörkel auf Schritt und Tritt ins Absurde."[117]

Ablehnende Naturalisten

Die naturalistischen Dichter seit 1878 ließen nur den jungen Goethe gelten und nur Einzelnes aus dem späteren Werk wie sein „großer Entwurf eines Arbeiterstaates" aus *Wilhelm Meisters Wanderjahren*. Der Flügelschlag der neuen Zeit habe Goethe erschreckt, wurde abwertend behauptet, „und so wagte er sich nicht mit liebevoller Empfindung an ihn heran, sondern schickte den unglückseligen

---

115 Dabei entstanden aus Vorbildern auch neue Allegorien wie im Lied *An die Proletarier* (1899), das als Vorlage die Eröffnung des *Zweiten Teils* benutzt: „Wenn vom Frühlingsglanz umflossen/ Rings erwacht der Blüten Flor/Proletarier, Kampfgenossen,/Hebt auch ihr das Haupt empor!" In: *Frei nach Goethe. Parodien nach klassischen Dichtungen Goethes und Schillers.* Berlin: Rütten & Loening, 1965, S. 139.

116 So tritt die „Gesellschaft der an Goethes Faust sich zu Tode erklärt habenden Erklärer" auf mit ihrem Präsidenten Denkerle, drei Stoffhubern und drei Sinnhubern. Vgl. ebd., S. 124.

117 Friedrich Theodor Vischer: *Goethes Faust. Neue Beiträge zur Kritik des Gedichts.* Stuttgart 1875, zit. nach Hartmann, S. 201 f.

Mittelsmann – Allegorie“[118]. Damit meinten sie *Faust II*. Auch als der Naturalismus gesiegt, die Bühnen erobert und große Erneuerungen begonnen, aber die Ablösung durch andere Ismen bereits angefangen hatte, blieb man bei diesem negativen Urteil. Julius Hart schrieb in seiner *Geschichte der Weltliteratur*:

> „Wohl klingt nach den Titanismen des ersten Teils der Schluss des zweiten Teils fast müde und resigniert. Dieser Erlösungslehre haftet zuletzt etwas Nüchternes und Kleinliches, etwas nur Bürgerlich-Praktisches an, jener Prosaismus der Nützlichkeitsreligion, welcher in der Kulturbewegung des 18. und noch mehr des 19. Jahrhunderts überall zum Ausdruck kommt.“[119]

Hugo von Hofmannsthal

Erst 1909/11 führte Max Reinhardt die beiden Teile des *Faust* am Deutschen Theater auf; zuerst dauerte die Aufführung elf, nach Kürzungen acht Stunden. – Später haben sich viele auch zustimmend zu Goethes *Faust II* geäußert. Hugo von Hofmannsthal gab für den *Zweiten Teil* eine präzise Bestimmung und unterschied ihn vom *Ersten Teil*:

> „(...) so ist der erste Teil *Faust* das Werk der Jugend, Tragödie; der zweite ist eine Kette von Festen und Feierlichkeiten, er ist voll Zeremoniell und Liturgie, er ist, als Ganzes genommen, das Fest aller Feste und, da er auf Schritt und Tritt Musik postuliert, die Oper aller Opern. Er ist durchaus fürs Theater gedacht; aber fürs Theater in dem Sinne als es eine festliche Anstalt ist.“[120]

118 Heinrich Hart: *Neue Welt*. In: Deutsche Monatsblätter. Hrsg. von Heinrich und Julius Hart. Bremen 1878, Bd. 1, S. 15.

119 Julius Hart: *Geschichte der Weltliteratur und des Theaters aller Zeiten und Völker*. 2. Band, Berlin: Th. Knaur Nachf., 1896, S. 795.

120 Hugo von Hofmannsthal: *Einleitung* zu einem Band von Goethes Werken, enthaltend die Singspiele und Opern. In: Ders.: Prosa IV, Frankfurt am Main: S. Fischer, 1955, S. 179.

Romain Rolland sprach in seiner Rede *Polarität und Steigerung* 1932 zu Goethes 100. Todestag über die Dissonanzen in *Faust II*, die zu immer neuen Harmonien führten:

Romain Rollands Urteil

> „Aber darin besteht gerade das Glück und das höchste Gut: nicht in der aufgelösten Harmonie, sondern in der keimenden, nicht im Schlussakkord, sondern in der Bahn der Dissonanzen selbst, die sich ihrer vollkommenen, ihrer entfernten, ihrer vielleicht unerreichbaren Lösung annähern.“[121]

Faust II-Deutungen und Gestaltungen über fast 200 Jahre

Neben dieser Tradition gibt es auch die der *Faust*-Deutungen und Gestaltungen. Bei den Deutungen reihten sich zwar Dutzende von detailbewussten Erläuterungen aneinander, aber die politischen und ideologischen Deutungen konzentrierten sich für den *Faust II* auf „ein nur schmales Textsegment (...,) Fausts kolonisierende Tätigkeit im zweiten Teil und insbesondere sein visionärer Schlussmonolog“[122]. Auf die Fülle ging 1991 Werner Keller ein; er klassifizierte sie, so weit es möglich war, und stellte fest: „Die Forschung der letzten zehn, fünfzehn Jahre ging (...) entschieden darauf aus, Zeitbezüge ausfindig zu machen und das gesellschaftsgeschichtliche Substrat des Werks freizulegen.“[123] Die Deutungen waren abhängig von der politischen Zeitsituation, kamen zur Anerkennung Fausts als germanischen Tatmenschen nach der Reichsgründung von 1871 (von Gustav von Loeper bis zu Wilhelm Scherer) und sahen Faust schließlich, getreu dieser Identifikation, verantwortlich für die Ver-

---

121 Romain Rolland: *Polarität und Steigerung*. In: Leipziger Theater. Programmheft 3, Spielzeit 1965/66: Faust. Der Tragödie erster und zweiter Teil.

122 Schmidt, S. 306 f.

123 Keller, S. XVI.

brechen des Nationalsozialismus (Wilhelm Böhm[124]). Entsprechend der unterschiedlichen Entwicklung gingen die beiden deutschen Staaten auch bei der *Faust*-Deutung nach 1949 unterschiedliche Wege.

Ideologisch heimatloser Faust

Nach 1989 sah man „Goethes Faust (...) ideologisch heimatlos geworden"[125]. Im Kontext der zahllosen Auf- und Abrechnungen nach der Wiedervereinigung wurde auch der Umgang mit der Klassik im Allgemeinen, mit *Faust* im Besonderen in der DDR beurteilt. In Symposien[126] 1998/1999, deren Beiträge man in zwei Sammelbänden vorlegte, wurde bei aller thematischen Beschränkung[127], Nichtberücksichtigung und Einseitigkeit die eminent große Bedeutung von Goethes *Faust* für politische Entwicklungen deutlich. Auf diesem Hintergrund bekam die Debatte um die *Faust*-Inszenierung am Deutschen Theater 1968 (Regie: Wolfgang Heinz, Adolf Dresen), eine der umfangreichsten Debatten in der Kulturpolitik der DDR überhaupt, eine neue Dimension.

Variationen

Bereits während der langen Entstehungszeit von Goethes *Faust* entstanden mehrere *Faust*-Varianten. Unter den Autoren befanden sich auch Freunde Goethes wie Friedrich Müller, genannt Maler Müller, und Maximilian Klinger. Christian Dietrich Grabbes Tragödie *Don Juan und Faust* (1829) zeigt nur den Genussmenschen Faust, der Don Juan unterlegen ist, sich aber in einem großen Monolog, der die Beziehung zu Goethes erstem Faust-Monolog sucht,

---

124 Vgl. Wilhelm Böhm: *Goethes Faust In neuer Deutung*. Köln: E. A. Seemann 1949. Indem Faust durch den Pakt seine Seele verloren habe, sei alles andere von ihm Geleistete letztlich eine Untat. Fausts Handlungen seien eine „Apokalypse der Abgründe der menschlichen Seele". S. 48.

125 Eibl, S. 13.

126 Lothar Ehrlich und Gunther Mai (Hrsg.): *Weimarer Klassik in der Ära Honecker*. Köln, Weimar, Wien: Böhlau Verlag, 2001, S. 88 ff. Dieser Band und der vorhergehende (Lothar Ehrlich und Gunter Mai [Hrsg.]: *Weimarer Klassik in der Ära Ulbricht*. Köln, Weimar, Wien: Böhlau Verlag, 2000) gehören zu dem bei der Stiftung Weimarer Klassik angesiedelten Projekt „Weimarer Klassik in der DDR".

127 Vgl. dazu: Friedrich Dieckmann: *Die Frage Mephisto. Klassik-Bilder in der frühen DDR*. In: Sinn und Form, Jg. 53/2001, S. 558 ff.

zu Beginn aus dem Deutschen herleitet: „Nicht **Faust** wär' ich, wenn ich kein **Deutscher** wäre! O Deutschland! Vaterland!"[128] Ob auch seine Höllenfahrt, der Don Juan bald folgt, dieser Herkunft verpflichtet ist, wird mindestens von Don Juan angedeutet, denn er versinkt in die Hölle mit den Worten: „König und Ruhm, und Vaterland und Liebe!"[129] Nikolaus Lenaus *Faust* (1836) geht zwar auch einen Teufelspakt ein, scheitert aber letztlich daran und kehrt – Polemik gegen Goethe – zu Gott und dem Glauben zurück. Dass diese Rückkehr ein tragischer Irrtum ist, denn Mephisto triumphiert bei Lenau trotzdem, ist sein tragischer Konflikt. Auch Heinrich Heine verstand sein Tanzpoem *Der Doktor Faust* (1851) als Gegenentwurf und Korrektur zu Goethe, dem er vorwarf:

Heines Vorwurf

> „(...) die Mängel seines Gedichts entsprangen aus seiner Versündigung, denn indem er von der frommen Symmetrie abwich, womit die Sage im deutschen Volksbewusstsein lebte, konnte er das Werk nach dem neu ersonnenen ungläubigen Bauriss nie ganz ausführen, es ward nie fertig, wenn man nicht etwa jenen lendenlahmen zweiten Teil des *Faustes*, welcher vierzig Jahre später erschien, als die Vollendung des ganzen Poems betrachten will. In diesem zweiten Teile befreit Goethe den Nekromanten aus [Geisterbeschwörer, R. B.] den Krallen des Teufels, er schickt ihn nicht zur Hölle, sondern lässt ihn triumphierend einziehen ins Himmelreich unter dem Geleite tanzender Englein, katholischer Amoretten, und das schauerliche Teufelsbündnis,

---

128 Christian Dietrich Grabbe: *Don Juan und Faust* (I,2). In: Ders.: Sämtliche Werke. Leipzig: Reclam, 1870, Bd. 1, S. 173.
129 Ebd., S. 240.

das unsern Vätern so viel haarsträubendes Entsetzen einflößte, endigt wie eine frivole Farce (...)“[130]

Faust-Adaptionen, so diejenigen Byrons (*Manfred*, 1817) und Turgenjews (*Faust*, 1855), hielten sich an den *Ersten Teil*. Diese Faust-Beschäftigung wirkt ungebrochen bis in die Gegenwart. Seit 1900 sind etwa 70 Faustdichtungen[131] in den europäischen Literaturen entstanden, unter denen Thomas Manns 1947 erschienener Roman *Doktor Faustus* die beeindruckendste Leistung und auch genialste Weiterführung mit Blick auf die historische Weiterentwicklung geworden ist. Erlösung ist dabei nicht in Sicht. Gorkis mehrbändiges Fragment *Klim Samgin* (1925–36) war eine *Faust*-Adaption in anderem[132] Sinne: Die Vision des höchsten Augenblicks war für ihn eine Vision eines erlösten und befreiten Proletariats.

Thomas Manns *Doktor Faustus*

Faust in der Gegenwartsliteratur

In der deutschen Gegenwartsliteratur knüpfte man immer wieder an die utopischen Entwürfe Fausts am Ende des *Zweiten Teils* an. Erwin Strittmatters Roman *Ole Bienkopp* (1963) versucht sich am Trockenlegen der Sümpfe und Bienkopp kommt dabei um. Jurij Brezans *Krabat oder Die Verwandlung der Welt* (1976) ist eine Faust-Variation aus sorbischer Tradition. Rainer Kirschs *Heinrich Schlaghands Höllenfahrt* (1973) bietet mit seinem Faust eine Parodie auf die Vorbildlichkeit usw.

Um die letzte Jahrtausendwende änderten sich die Akzente der Interpretationen. Albrecht Schöne fand in einem für das *Faust*-Verständnis grundsätzlichen Beitrag die Bedeutung darin, dass der Leser in Goethes *Faust* „im Vergangenen Gegenwärtiges oder Künftiges vorgebildet sieht und Heutiges entdeckt (...), gleichsam ge-

130 Heinrich Heine: *Der Doktor Faust. Erläuterungen*. In: Ders.: Sämtliche Schriften. Hrsg. von Klaus Briegleb. Bd. 6,1 München: Deutscher Taschenbuch Verlag, 2005, S. 374.

131 Vgl. die umfangreiche, aber unvollständige Liste bei Schmidt, S. 325 f.

132 Hartmann versteht ihn sogar als „sozialistisch-realistisches Gegenstück zum *Doktor Faustus*. Vgl. Hartmann, S. 145.

Szene aus der *Faust II*-Inszenierung von Michael Thalheimer, Deutsches Theater Berlin 2005 © ullstein bild – Lieberenz

spiegelt in den Bildern des alten Textes und auf solche Weise von sich abgerückt, mit Tiefenschärfe versehen, zur Kenntlichkeit verfremdet, so dass das Alte ihn über sein Neues belehrt“[133]. Die Ursachen sieht Schöne in der Vielseitigkeit Goethes, der auch auf scheinbar der Kunst fremden Gebieten wie der Nationalökonomie und Kriegstheorie kompetent gewesen sei.

Die Inszenierung und *Faust*-Konferenz 2006 am *Deutschen Theater*

Für Thalheimers *Faust II*-Inszenierung gab es 2006 keine Erlösung durch Engel: Faust blieb ein Getriebener, der auf seinem Weg nicht nur zwei Frauen vernichtet – Gretchen und Helena –, sondern auch das ländliche Glück von Philemon und Baucis und das Volk in den Zwang der Arbeit treibt. Im Zusammenhang mit den Inszenierungen von Michael Thalheimer fand im Februar 2006 *Die Faust-Konferenz am Deutschen Theater*[134] statt. Das zugehörige Protokoll (Blätter des Deutschen Theaters Nr. 3, 2006) ist eine wichtige aktuelle Interpretationssammlung von Goethes *Faust*. Faust wurde als Symbolfigur der Moderne gesehen: „(...) in diesem Mythos geht es um die Definition der Moderne selbst, und wohl aus diesem Grund ist der Mythos in der frühmodernen Epoche entstanden.“[135] Eine **Betonung der ökonomischen und kapitalismuskritischen Elemente des Werkes** war die Folge. Mit den Inszenierungen von *Faust I* und *Faust II* durch Michael Thalheimer am Deutschen Theater und der sich anschließenden *Faust*-Konferenz am Deutschen Theater (2004–2006) hat eine neue Ära des *Faust*-Verständnisses und der *Faust*-Interpretationen in der Theatergeschichte begonnen.

Faust als Symbolfigur der Moderne

---

133 Albrecht Schöne: *Karl Marx lernte von Mephisto, was Besitz vermag*. In: Frankfurter Allgemeine Zeitung (F.A.Z.) vom 3. Januar 2004, Nr. 2, S. 35.

134 Vgl. Jaeger u. a. (Hrsg.).

135 Nicholas Boyle: *Der religiöse und tragische Sinn von Fausts Wette*. In: Jaeger u. a. (Hrsg.), S. 37.

5. MATERIALIEN

Die Lindemann-Inszenierung 1933

Goethes *Faust. Der Tragödie zweiter Teil* ist seltener gespielt worden als der *Erste Teil*. 1911 hatte Max Reinhardt *Faust II* in Berlin inszeniert und dazu erstmals die Drehbühne benutzt. Faust wurde von Friedrich Kayßler (1874–1945), Mephisto von Albert Bassermann (1867–1952) gespielt. Danach gab es bis 1933 keine Inszenierung des Stückes in Berlin mehr. Am 22. Januar 1933 wurde in der Regie von Gustav Lindemann das Stück im Staatlichen Schauspielhaus Berlin aufgeführt. Es war **kurz vor der Machtübernahme** durch die Nationalsozialisten. Die Inszenierung wurde auch als ein **Bekenntnis zur deutschen Kultur und den demokratischen Versuchen der Weimarer Republik** verstanden. Lindemann hatte schon 1932 gemeinsam mit Louise Dumont eine beachtete Inszenierung in Düsseldorf geschaffen und seine Klassikerinszenierungen damit gekrönt. Die Aufführung hatte eine begeisterte Presse. Nun hatte man Lindemann aus Düsseldorf für Berlin verpflichtet, was allgemein als Eingeständnis einer Berliner Theaterkrise verstanden wurde. Es wurde „der letzte große Theatererfolg in der Republik, ihr ‚Schwanengesang'"[136]. Das Publikum war gespannt; die Kritik stimmte einhellig zu. Von dieser Inszenierung leitete Gustaf Gründgens seine späteren Inszenierungen ab. Karl Heinrich Ruppel schrieb in der Kölnischen Zeitung:

„Schwanengesang" der Republik

„Die Frage nach der Aufführbarkeit des *Faust II* erledigt sich für eine Generation, die das unheimlich Aktuelle des Problems und seiner Form spürt, von selbst. Es gibt für uns kein wichtigeres, kein zeitgemäßeres dramatisches Werk. Es gibt keine Dichtung, in der

---

136 Vgl. Günther Rühle: *Theater für die Republik im Spiegel der Kritik*, 2. Band, Berlin: Henschelverlag, 1988, S. 1140.

das Bekenntnis zur Aufgabe des deutschen Menschen inbrünstiger, das Gelächter über seine Fehler und Narreteien gewaltiger wäre als in diesem höchsten, reichsten, schönsten Denkmal unsrer Sprache. Fausts Werk ist für unsre Stunde getan, Mephistos Spott ist zu unsrer Stunde gesprochen. Als der ironische Kommentar, mit der er die Schlacht des vierten Aktes begleitet, bei der Stelle ‚Zuletzt, bei allen Teufelsfesten, wirkt der Parteihass doch zum besten' angekommen war, ging eine Welle der Bewegung durch das Publikum. Der Stumpfeste ahnte, wer die Schlacht schlug, die hier im Bühnenlärm sinnbildlich an sein Ohr drang."[137]

Die Gründgens-Inszenierungen

Gustaf Gründgens wurde zum bekanntesten *Faust*-Regisseur und Mephisto-Darsteller nach Reinhardt. Mit Beginn der Spielzeit 1955/56 wurde Gründgens Generalintendant des Deutschen Schauspielhauses Hamburg. Dort inszenierte er beide Teile: 21. April 1957 *Faust I*, 9. Mai 1958 *Faust II*. Er spielte wiederum den Mephisto, Will Quadflieg den Faust. Mit dieser Inszenierung ging er auf Gastspielreisen in die USA und die Sowjetunion. Seine Grundthese war, beide Teile auf das *Vorspiel auf dem Theater* zurückzuführen und Mephisto zum eigentlichen Helden zu machen, während Fausts Streben als realitätsferne Vision angesehen wurde:

„(...) in diesem Vorspiel und mit diesem Vorspiel enthebt uns Goethe ein- und für allemal der Verpflichtung, den Zuschauer glauben zu machen, sein Himmel sei *der* Himmel – seine Kaiserpfalz sei *die* Kaiserpfalz – sein Griechenland sei *das* Griechenland. Nein, es ist

---

137 Karl Heinrich Ruppel: *Goethe. Faust II. Teil.* In: Kölnische Zeitung vom 31. 1. 1933. In: Rühle, ebd., S. 1141 f.

alles, der Himmel, die Hölle, die kleine, die große Welt: die Welt des Theaters."[138]

Fausts Schlussmonolog als Vision

In Leipzig und anderen Städten versuchte man, überschaubare Lesarten beider Teile zu finden und entdeckte bei dieser Gelegenheit den theatralischen Reichtum des *Faust II*. Für die Leipziger Inszenierung 1966 entwickelte Rolf Rohmer die Konzeption, in der Fausts Schlussmonolog als Vision, nicht als Irrtum, verstanden wurde:

„Faust beobachtet die feudalen Hausmachtkämpfe (Zweikaiserschlacht) und die politische Zersplitterung Deutschlands (Belehnungsszene), die das Reich schwächten und, wie wir wissen, auf Jahrhunderte hinaus die gesellschaftliche Entwicklung hemmten. Im Alter hat sich Faust – ganz im Sinne der neuen Zeit und des geschichtlichen Fortschritts – als quasi kapitalistischer Unternehmer und Handelsmann etabliert. Doch immer vorwärts strebend und rastlos tätig, kann er auf dem End- und Höhepunkt seines Lebens eine glückliche Zukunft des Menschengeschlechts visionär vorausahnen."[139]

Das Scheitern von 1999

Große Anstrengungen wurden 1999 im Goethe-Jahr gemacht, um den gesamten *Faust* auf die Bühne zu bringen, die Unternehmungen scheiterten meist, auch in Goethes Weimar und Frankfurt a. M. Die Presse reagierte entsprechend mit „Schiffbruch" und „Spießer-Revue":

„Am *Faust* darf (vielleicht: muss) man scheitern. Nur: auf welchem Niveau. Nach Klaus Peymann in Stuttgart, Günter Krämer in Bre-

138 Gustaf Gründgens: *Begegnung mit Faust.* In: Faust. Frankfurt am Main 1959, S. 87.
139 Rolf Rohmer: *Historische Grundlage und ideelle Einheit.* In: Leipziger Theater. Programmheft 3, Spielzeit 1965/66: Faust. Der Tragödie erster und zweiter Teil.

men durfte man im Wahn leben, es sei – bei schierer Lektüre, die sich deutsche Theater gern als ‚Dramaturgie' honorieren lassen, beim bloßen Handwerk, für unsere Jahre – ein Grad an Vertrautheit, an Sicherheit erreicht, der solches Elend, wie jetzt in den beiden Goethe-Städten [Weimar und Frankfurt a. M., R. B.] zu besichtigen, verbietet. Keine Angst, Sie werden nicht mit Vergleichen historischer Aufführungen behelligt. Doch die beiden Premieren, vom Publikum zum Teil umjubelt, bezeichnen einen Tiefpunkt – auch der Zuschauerkunst – über den man einen Augenblick nachdenken sollte."[140]

Zwei Teile, ein Abend

Immer wieder gab es Versuche, das gigantische Werk an einem Abend aufzuführen. Auch hier brachte das Goethe-Jahr 1999 Experimente. Nachdem 1990 Wolfgang Engel in Dresden die beiden Teile an drei Tagen aufgeführt hatte, waren 1999 in Leipzig in seiner Inszenierung die beiden Teile an einem Abend zu erleben:

„1999 ist alles anders. Der zweite Engel'sche *Faust*, eine komprimierte Fassung aus dem ersten und zweiten Teil für einen Durchgang zwischen vierzehn Uhr und Mitternacht, kommt beinahe zeitlos daher. Die schwarze Bühne von Horst Vogelgesang: ein multifunktionales Spielfeld mit Türen und einem großen Tor nach hinten, vorne ein Hauch klassizistischer Saalarchitektur. Ein Kreis aus zwölf Stühlen bildet den schlichten Ort für die Wandlungen und Irrtümer des nimmersatten Zweiflers. (...) Am Schluss ist der Ernst der Menschheitsdinge aber doch eine Frage der Perspektive. Der lieben Ordnung halber muss man dafür die Stellung wechseln. Per Sonderbus wird man zur Grablegung Faustens auf den Johannesfriedhof gefahren. Dort erwartet die Zuschauer, eingekesselt zwi-

140 Rolf Michaelis: *Finger weg von Faust.* In: DIE ZEIT Nr. 6, 4. Februar 1999, S. 36.

schen Himmel und Hölle, der hemmungsloseste Schabernack des Abends. Also doch alles ein Jux? Hallejuja!"[141]

Stein-Aufführung auf der Expo 2000

Die Weltausstellung Expo 2000 in Hannover propagierte die Aufführung des gesamten Werkes, was nicht ganz stimmte: Texte des Teils 1 wie der *Walpurgisnachtstraum* fehlten. 21 Stunden an zwei Tagen, unterbrochen von zwei Mahlzeiten: Der gesamte Text war schon früher aufgeführt worden – im Goetheanum in Dornach geschieht das seit 1938[142] –, aber es wurde die spektakulärste Aufführung. Es sollte Goethe zu Wort kommen, jeglicher Interpretation wollte sich die Inszenierung enthalten, ein Vorsatz, der nicht einlösbar ist. In einem Werkstattgespräch äußerte sich der Regisseur Peter Stein zu seinem Vorhaben, das er 2005 kritisch sah:

„Die technischen Ausmaße sind, glaubt man dem Regisseur, nur ein Beweis mehr für eine einfache, weil textfromme Aufführung des deutschen Dramas. ‚Ich werde kein Wort verändern', kündigt er an. Aber er werde alles, was dort geschrieben steht, szenisch umsetzen. Sprich: Es werden die Flugwerke für die himmlischen Geister, der Brocken und auch der Höllenrachen zu sehen sein. Singt ein Engelchor, werden eben Engel singen. ‚Völliger Schwachsinn', eine ‚Ästhetik, die längst tot ist', werden seine Kritiker toben. Das zumindest erwartet der Regisseur von ihnen. Und: ‚Wo bleibt denn da der Kosovokrieg?' ‚Peter Stein – ein Mann ohne Fantasie und Visionen?' Stein lacht über seine Prophezeiungen und kontert nicht ganz gleichgültig vorab: ‚Die Lust am Interpretieren ist mir vergangen.' Er sei kein Gelehrter, aber dafür ein guter Leser, der sehr

---

141 Ralph Gambihler: *Der ewige Größenwahn oder Scheitern in den Zeiten der Unterhaltung.* In: Freie Presse (Chemnitz), 20. September 1999.

142 1938 inszenierte Rudolf Steiners Witwe Marie beide Teile an sieben Tagen als anthroposophisches *Weihe- oder Festspiel.*

wohl versucht, Faust als Projektionsfläche für den Menschen des 20. Jahrhunderts darzustellen. Dafür wird er aber nichts hinzudichten."[143]

Die Stein-Inszenierung in der Kritik

Die Inszenierung Steins war heftig umstritten. Eines allerdings hatte die Kritiker fasziniert, was sie, wenn auch ironisch gebrochen, zugaben, auch die, die später am Fernseher an einem Wochenende im Februar 2001 die Inszenierung erlebten: Das war der Einsatz der Technik für die inhaltliche Füllung der teils gestaltlosen Vorgaben:

„(...) Faustens Ende hat großes Format: Von der Decke senkt sich eine Metallspirale wie die Gangway eines Raumschiffs, die Himmelsbesatzung zoomt sich hinab zum Grabe. Medizinisch-technische Assistenten bergen Faustens Seele, dann wird der Mann aus dem Grabe gehoben, abgeschminkt und nach oben geleitet: der unbehandelte, unmaskierte Leib, von aller Schauspielkunst befreit."[144]

Nach dem Jubiläumsjahr folgten, wie immer bei solchen Gelegenheiten, die satirischen Brechungen, einfallslose Unterhaltungen, Spektakel wie Lutz Hübners *Gretchen 89 ff.*, Harold Ramis' Filmkomödie *Teuflisch* (2000), eine seichte *Faust*-Variante. In der Antike hätte man das Publikum auf die Satyrspiele verwiesen; ihnen würden allerdings die merkwürdigen Erfindungen, die sich auf *Faust* beriefen, nicht gerecht.

Aktuelle Versuche

Doch gingen auch die Versuche mit Inszenierungen weiter. Im vogtländischen Plauen inszenierte Axel Richter das Stück, und die Pres-

---

143 Ina Henrichs: *21 Stunden Theater mit zwei Mahlzeiten.* In: Mitteldeutsche Zeitung (Halle), 4. Februar 2000.

144 Peter Kümmel: *Augenblick, beeil dich.* In: DIE ZEIT Nr. 31 vom 27. Juli 2000, S. 38.

se jubelte „Das Unbeschreibliche, er hat ‘s getan.“[145] Ähnlich begeistert wurde eine Inszenierung in Magdeburg angenommen, die ihre Zuschauer mit dem Schauwert der Inszenierung anzog:

„Er [der Regisseur Helmut Palitsch, R. B.] hat die selbstständigen Episoden und die Ausflüge in entlegene Weltenkreise, das Symbolträchtige und das Rätselhafte, das Politische und das Moralische zusammengebunden zum satirischen Sittengemälde einer Gesellschaft, der es an Stillhaltevermögen und Nachdenklichkeit mangelt. Ihr Sinn für Wirklichkeit reicht nur so weit wie ihr unreflektierter Tatendrang. Unfähig zurückzuschauen, eilen die Protagonisten von einem Irrtum zum nächsten: Eh etwas noch gedacht, man eilt es zu vollbringen. Der mit Blindheit geschlagene Faust ist am Ende ein Exempel des modernen Menschen: ein wirrer Utopist, unfähig, aufzuwachen aus Wunschträumen und erhaben zu sein über den Gewaltakt."[146]

---

145 Katja Uhlemann: *Nur Überirdisches verführt den großen Geist.* In: Freie Presse (Chemnitz), 2. Mai 2001, S. 6.

146 Evelyn Finger: *Reise durch den Wald der Ausrufezeichen.* In: Mitteldeutsche Zeitung (Halle), 12. Februar 2001.

6. PRÜFUNGSAUFGABEN MIT MUSTERLÖSUNGEN

Unter www.königserläuterungen.de/download finden Sie im Internet zwei weitere Aufgaben mit Musterlösungen.

Die Zahl der Sternchen bezeichnet das Anforderungsniveau der jeweiligen Aufgabe.

Aufgabe 1 *

Stellen Sie die Zusammengehörigkeit der beiden Teile des *Faust* und die Besonderheiten von *Faust. Der Tragödie zweiter Teil* heraus.

Mögliche Lösung in knapper Fassung:

ANALYSE

Übereinstimmende Begriffsverwendung

Die Titelgestalt Faust weist die beiden Teile als zusammengehörig aus; die Kennzeichnung als erster und zweiter Teil einer Tragödie macht die formale Zusammengehörigkeit erkennbar. Auch die Wette des Herrn (Gott) mit Mephisto um Faust, den beispielhaften Menschen, im *Prolog* und die für Fausts gesamtes Leben geschlossene Wette zwischen Mephisto und Faust um den erfüllten Augenblick lassen die Beziehungen zwischen beiden Teilen erkennen. Es werden Figuren – Mephisto und Faust, im Epilog von *Faust II* Gretchen, im 2. Akt Wagner und der Schüler aus *Faust I* – weitergeführt. Schließlich gelten Begriffe in der im *Ersten Teil* eingeführten Bedeutung: Als Faust auf den Selbstmord verzichtet, hat ihn „die Erde (...) wieder" (V. 784); als er zu Beginn des *Zweiten Teils* aus seinem Heilschlaf erwacht, ist sein Bekenntnis zur Erde noch deutlicher: „Du, Erde, warst auch diese Nacht beständig" (V. 4681). Ähnlich sind Begriffe wie „Leben", „frisch", „Welt", „streben", „atmen" und „Tat" – um eine Auswahl zu nennen – in beiden Teilen inhaltlich übereinstimmend, ähnlich oder aufeinander bezogen.

Historischer Faust als Quelle

Auch ein Teil der Handlung im zweiten Teil entstammt den Überlieferungen zum historischen Faust. Heinrich Faust ist in den akademischen Verhältnissen des ersten Teils ebenso beheimatet wie unter den Astrologen und Schwarzkünstlern, so erscheint er an der *Kaiserlichen Pfalz*. In seinem universitären Wirken soll der historische Faust über Homer gesprochen und Gestalten seiner Werke wie Helena beschworen haben. Insofern ist der Begriff des „faustischen" Charakters, wie er auch in die Alltagssprache eingegangen ist, für beide Teile zutreffend. Trotz unterschiedlicher Beschreibungen Fausts in den beiden Teilen wird er durch den Gedanken des endlosen Strebens zu einer einheitlichen Gestalt. Daraus entsteht auch die Einheit des Inhalts als einer Entwicklung: Faust verdammt zu Beginn die Grenzen seines Wissens und stellt den Zustand eines unbefriedigten Wissenschaftlers aus, den der Teufel durch die kleine Welt führt, um ihn zum Genuss zu verleiten und durch den angestrebten Stillstand in den Besitz von Fausts Seele zu gelangen. Am Ende ist Faust immer noch ein unbefriedigt Strebender, nur ist die kleine Welt der großen Welt gewichen, die kleinen Lustbarkeiten werden durch große Lustbarkeiten ersetzt, Gretchen durch Helena – die Provinzschönheit durch die Königstochter, das kleine Streben durch das große Streben nach Kolonisation und Landgewinn. Aber nirgends und niemals kommt es zur Erfüllung für Faust, zu einem dauerhaften Zustand des Glücks. So erreicht Faust schließlich das Ende seines Lebens; immer noch unbefriedigt und auf die Dauer des Glückes wartend, kann er nur durch Göttliches erlöst werden, denn der Himmel verspricht die dauerhafte Erlösung des strebenden Menschen. Im Grund genommen musste sich Faust, wenn er seinem persönlichen Vorsatz treu blieb, niemals vor Mephisto fürchten. Faust durchläuft die denkbaren Stufen von Verführung und Ver-

Einheit des Inhalts als Entwicklung

suchung, ähnlich Jesus Christus, der auch nicht der Versuchung des Teufels verfällt.

Fausts Versuchungen

Die Versuchungen Fausts ereignen sich durchweg doppelt: Sie erscheinen in der kleinen und in der großen Welt, nachdem es in der kleinen Welt nicht gelungen ist, Fausts Drang zu besänftigen und ihn dauerhaft zu befriedigen. Obwohl Faust den einzelnen erfüllten Augenblick genießt – die sinnliche Erfüllung mit Gretchen und mit Helena, die beide Kinder von Faust bekommen, die Walpurgisnacht auf dem Brocken und die klassischen Walpurgisnacht, das studentische Leben in Auerbachs Keller und das Leben am Kaiserhof – kommt es nie zur dauerhaften Erfüllung, die Faust sagen ließe: „Verweile doch, du bist so schön." Nachdem auch Helena, die personifizierte Schönheit, nicht die dauerhafte Erfüllung gebracht hat, nachdem beider Kind Euphorion umgekommen ist und ebensowenig Bleibendes vorhanden ist wie nach Gretchens Kindesmord, tritt ein entscheidender Unterschied zwischen den beiden Teilen ein: Fausts individuelles Streben hört auf und geht in ein gesellschaftliches Streben über. Aus dem mittelalterlichen Wissenschaftler am Beginn der Moderne wird der Wirtschaftspolitiker, Kriegsherr und Unternehmer im bürgerlichen Zeitalter, aus dem Beginn der Neuzeit mit dem Renaissancekünstler Faust bis zur Romantik, womit eine Kunstentwicklung abschließt, wird die moderne Zivilisation im Gefolge der entstehenden bürgerlichen und kapitalistischen Entwicklung der Gesellschaft. Daraus wurde ein zweiter auffälliger Unterschied: Der erste Teil spielt in einer realen Welt, in der nur Mephisto und seine Handlung eine Sonderstellung haben; alles andere – akademischer Betrieb, Kriege, Verführungen, selbst Kindesmord und Straßenkämpfe – sind Teil der wirklichen Welt Fausts. Der zweite Teil ereignet sich fast ausschließlich in Allegorien, Bildern und überzeitlichen Vorgängen, in denen sich sogar Menschen zweier verschiedener Epochen – Helena und Faust – ver-

Unterschied zwischen *Faust I* und *II*

einigen können. Konnte sich der Bürger mit der Erfahrung seiner Zeit im ersten Teil stets wiederfinden, so bedurfte es im zweiten Teil des hochgebildeten, mythologisch belesenen Künstlers oder Wissenschaftlers, um in den Gehalt einzudringen. Das wurde auch ein Grund dafür, dass der zweite Teil nie die Popularität des ersten erreichte.

Aufgabe 2 **

Beschreiben Sie die Begegnung zwischen Faust und Helena und erklären Sie deren Bedeutung.

Mögliche Lösung in knapper Fassung:

BESCHREIBUNG

Helena hat eine besondere Funktion für den *Faust II*. Goethe bezeichnete den 3. Akt, in dem Helena die Hauptrolle spielt, als die „Achse" des Stückes und betonte auch an anderen Stellen die besondere Bedeutung dieser Frauenfigur, denn man müsse zu ihr als dem eigentlichen Gipfel emporschauen. Es ist nicht nur die Sinnlichkeit, mit der Helena zahlreiche Männer in ihren Bann zieht und die Mephisto ihr in der Gestalt Phorkyas vorhält, sondern für Goethe spielte ihre Faszination als vollkommene Schönheit und dadurch auch das Sinnbild vollendeter Kunst eine entscheidende Rolle.

Sinnbild vollendeter Kunst

Bereits in *Faust I* sieht Faust in der *Walpurgisnacht* „ein himmlisch Bild" (V. 2429) im Zauberspiegel und ist voller Verlangen danach. Nur mit einem Zaubertrank gelingt es Mephisto, Faust von dem Bilde abzubringen und ihn auf andere Frauen zu lenken, auf Gretchen, die für Helena eintreten muss, denn nach dem Zaubertrank sieht Faust Helena in jeder Frau; Mephisto benennt dabei das Bild erstmals als Helena (V. 2604). Von da an ist Fausts Sehnsucht unbewusst weiter auf sie gerichtet. Die nächste Begegnung scheint einzutreten, als der Kaiser während des Mummenschanzes

Spiel vor dem Kaiser

im 2. Teil (1. Akt) Helena und Paris zu sehen wünscht. Mit Unterstützung Mephistos geht Faust zu den „Müttern", wo die Bilder (Paradigmen) aller Dinge aufbewahrt werden, sowohl die, die waren, als auch die, die sein werden. Faust kommt auf diese Weise zu den Urmodellen allen Seins, der Geist Helenas ist das Modell der vollkommenen Schönheit. Mit ihr und Paris im Gefolge kommt er an den Hof zurück; Paris und Helena spielen vor dem Kaiser, aber es sind Schemen. Faust glaubt in seiner Verwirrung durch Helenas Schönheit, dass sie wirklich körperlich anwesend ist, dass die Ankündigung des Zauberspiegels eintritt und nun endlich seine Wette in Erfüllung gehen könnte: „Verschwinde mir des Lebens Atemkraft, / Wenn ich mich je von Dir zurückgewöhne!" (V. 6493 f.) Alle seine Liebe, Anbetung und seinen Wahnsinn will er auf Helena konzentrieren; Schönheit und Geist, sinnliche Leidenschaft und faustisches Streben sollen sich vereinen und die Erfüllung seines Lebens und damit seiner Wette bringen. Was er dabei übersieht, ist, dass alles ein Spiel ist und er darin nur eine Rolle hat; Mephisto, dem eigentlich an der Erfüllung der Wette gelegen sein müsste, weist ihn darauf hin, dass er irrt und nicht aus seiner Rolle fallen soll. Aber Faust begreift die Situation nicht mehr, seit ihn die Schönheit Helenas blind gemacht hat. Als, getreu dem Titel des Spiels „Raub der Helena", Paris seine Helena entführen will, sprengt Faust die Situation, indem er Paris mit dem Schlüssel berührt, um ihn wieder zu den „Müttern" zu schicken. Das Spiel eskaliert, die beiden Geister gehen „in Dunst" auf, und Faust wird ohnmächtig. Homunkulus, der künstliche Mensch, weiß, wie ihm zu helfen ist: In der *Klassischen Walpurgisnacht* muss er nach Helena in der Unterwelt suchen. Im Gegensatz zu den Tiefen der Mütter, in denen die Modelle der Wirklichkeit aufbewahrt werden, finden sich in der Unterwelt die Toten ein, die ein wirkliches Leben geführt haben. Findet er Helena bei Persephone (Proserpina), so ist es die historische He-

Erfüllter Augenblick

lena, die auch Anlass für den Trojanischen Krieg war. Goethe hat Fausts Bitte an Persephone, „diese zu bewegen, dass sie die Helena herausgibt"[147], nicht geschrieben, aber sehr wohl überlegt und gemeint, man müsse Persephone, die Göttin der Unterwelt, schon zu Tränen rühren, damit sie Helena in das Leben entlasse. Das Vorbild für diesen Versuch ist Orpheus, der Eurydike aus der Unterwelt zurückholte, sie aber noch auf dem Weg ins Leben verlor, weil er sich nach ihr umsah. Faust soll die Möglichkeit, wie Manto meint, besser nutzen, „frisch! beherzt!" (V. 7494). Ihm gelingt die Tat, wie es scheint: Der 3. Akt steht im Zeichen Helenas, die mit gefangenen Trojanerinnen und ihrem Mann Menelaos, der noch einige Zeit der Seeräuberei nachging, „Gestad' und Inseln" (V. 8986) plünderte, aus dem Trojanischen Krieg zurückkommt und sich, bevor ihr Mann sie zu opfern gedenkt, auf die mittelalterliche Burg Fausts, dicht bei Sparta, rettet. Dort treffen Helena und Faust endlich körperlich aufeinander. Aber der Schein trügt: Helena ist eine Tote, die Faust nochmals zum Leben erwecken konnte, aber nur für die Ausnahmesituation über den Zeiten, jenseits von Antike und Mittelalter. Aber da sie nicht in den Zeiten, sondern außerhalb der Zeiten lebt, ist die Verbindung nur für den Augenblick oder noch besser: als Idee möglich. Der Augenblick wird geschaffen durch die Zeugung Euphorions, einer Symbolgestalt für die Poesie – dass sich auch der Dichter Lord Byron darin verbirgt, spielt in diesem Zusammenhang nur eine nebensächliche Rolle – und einer Vereinigung aus antiker und klassischer Kunst- und Dichtungstradition. Helena hat zuvor, also vor der Zeugung, die Geheimnisse der klassischen Dichtung gelernt und im fünffüßigen Jambus und Endreim gefunden. Dadurch wird ihr Rhythmus, der jambische Trimeter ohne Reim, zwar abgelöst, bleibt aber als Dichtungstradition erhalten. Euphorion verfügt

Jenseits von Antike und Mittelalter

---

147 Eckermann, S. 256.

über Dichtungstraditionen von der Antike bis zur Klassik, bringt selbst auch das romantische Gefühl Byrons ein. Fausts Begegnung mit Helena wird zur Vereinigung großer Kunst, aus der neue Kunst ersteht. Ein besonderer Zug dieser neuen Kunst ist, dass sie – verkündet von Euphorion (V. 9835 ff.) – in den griechischen Freiheitskampf von 1821 bis 1829 mündet. Dichtung wird zu einem Mittel der historischen Begeisterung. Sie steigert sich bei Euphorion in den Rhythmus des Volks- und Marschliedes nach dem Muster „Rosenstock Holderblüt": „Träumt ihr den Friedenstag? / Träume wer träumen mag. / Krieg ist das Losungswort / Sieg! und so klingt es fort." (V. 9835 ff.) Trotz der neuen Poesie, die Euphorion verkörpert, scheitert die Begegnung zwischen Helena und Faust: Helena kann sich zwar die neue Kunst aneignen, muss aber auf Dauer verzichten und kehrt in die Unterwelt zurück. Euphorion, das Symbol der Poesie und der Sänger des Freiheitskampfes, stürzt tödlich ab, und Faust verstummt im 3. Akt und behält nur Helenas Kleid in den Armen. Das Ende des Aktes lässt sich auch so lesen, dass ein freier literarischer Raum außerhalb der Geschichte nicht möglich ist, aber dennoch in der Zusammenführung verschiedener Epochen eine neue Kunst entstehen kann, die aber immer zeitlich gebunden sein wird.

Euphorion

Rückkehr in die Unterwelt

Aufgabe 3 ***

Beschreiben Sie die Funktion der Szene *Anmutige Gegend* für den *Zweiten Teil*.

Mögliche Lösung in knapper Fassung:

BESCHREIBUNG

Die Szene *Anmutige Gegend* eröffnet *Faust. Der Tragödie zweiter Teil*. Fausts Irrfahrten in der kleinen Welt liegen hinter ihm. Vor allem Gretchens Kindesmord und ihre eigene Gefangenschaft, der die Hinrichtung folgte, sind die letzten Eindrücke aus dieser Welt, ehe Faust mit Mephisto aus ihr floh. Da Faust in der anmutigen Gegend auf einer blumigen Wiese liegt, hat er alle Schrecken hinter sich, wird aber von den Vorgängen der Vergangenheit gepeinigt, denn er ist „unruhig, schlafsuchend". Nicht nur die Schuld an Margarete quält ihn, sondern auch die gegenüber ihrer Familie. Diese Anknüpfung an *Faust I* ist neu; in einer früheren Inhaltsangabe von 1816 wurde der schlafende Faust von Geisterchören zu neuen Freuden gerufen (BA 8, 580), und nur „Sinnlichkeit und Leidenschaft" sind verschwunden, von Schuld war keine Rede. Nun aber weist die Unruhe Fausts auf sie hin; das ist notwendig, weil sich auch der Schluss deutlich vom Entwurf 1816 abhebt: Es gab noch keine Vorstellung über Fausts Rettung. Da „eine Büßerin, sonst Gretchen genannt", die Aufgabe bekommt, den geretteten Faust zur endgültigen Erlösung zu führen, musste bereits zu Beginn die Beziehung zum 1. Teil hergestellt werden.

Die Inhaltsangabe von 1816

Auffallend ist außerdem, dass Faust allein ist, sich Mephisto nicht bei ihm befindet und sich Naturgeister um ihn kümmern, die von Ariel geführt werden. Für Faust öffnet sich eine neue Möglichkeit. Er kann durch die Natur und ihre Geister seine Schuld überwinden und zur Ruhe finden und in einen Heilschlaf fallen, der ihn von „erlebtem Graus" reinigt, ohne dass er vergessen wäre. Ariel weist auch auf andere Verbindungen hin: Er stammt einmal aus Shakespeares Sturm und ist dort ein hilfreicher Luftgeist; er hatte auch schon seinen Platz in *Faust I:* Im *Walpurgisnachtstraum* trat er als verspielter, zwiespältiger Führer auf, der sowohl „Fratzen" als auch „die Schönen" (V. 4241) lockt und dann auf den „Rosenhügel" ruft (V. 4394). Es deutete sich an, dass Ariel aus den Wirren des Lebens in die Freundlichkeit der Kunst retten kann, und durch diese Kunst kann Faust in eine andere Welt eintreten, in der auch eine andere Dichtung als die bisher gewohnte vorhanden ist: die

Ariel

Dichtung der Romantiker. Bereits in der Szene *Anmutige Gegend* wurde durch Ariel und seinen „Geisterkreis" angekündigt, was ein durchgehendes Thema des gesamten *Faust II* werden sollte: Szenerie und Ausstattung, Zeit („Dämmerung") und Personen muten romantisch an.

Vergleich mit Eröffnungsmonolog

Die Szene legt den Vergleich mit Fausts Eröffnungsmonolog im *Ersten Teil* (V. 354 ff.) nahe. Die Gemeinsamkeit liegt im göttlichen Personal, das sich mit Faust beschäftigt; der entscheidende Unterschied ist, dass statt des christlichen Gottes nun Naturgötter am Wirken sind. Damit wird allerdings auch eine Reinigung von Fausts Gedächtnis vorgenommen – Fausts Erinnerung an seine Schuld wird vorerst verdrängt –, moralische Überlegungen treten zurück, Faust wird so frei für sein neues, am Ende von Besitz und Unternehmerstreben bestimmtes Leben. Die traditionellen Werte verlieren für ihn an Bedeutung; deshalb kann er im Maskenzug als Plutus auftreten, zum Kriegsherrn werden und schließlich Hütte und Kirche von Philemon und Baucis vernichten und den Wanderer, der sich bei ihnen aufhält, töten lassen. Der Kontrast zwischen farbiger Natur und verlorener Moral, wie er in der Eröffnungsszene verfolgt werden kann, kehrt später wieder in der Szene *Palast* (5. Akt). Der Türmer Lykeus besingt die Schönheit einer urban geordneten Natur, aber Faust stört darin die Tradition des alten Lebens, eines christlichen Lebens und einer bescheidenen Zufriedenheit, wie sie Philemon und Baucis leben. Es erscheint wie die Absage an die klassische Harmonie und an die antike Idylle, die in der neuen Zeit keinen Bestand mehr haben.

Faust tritt wieder ins Leben ein und erweist sich, gestärkt von den Naturgeistern, als vital. Unternehmungsgeist stellt sich ein, aber er wendet sich von den Gipfeln in die Täler. Ein grundsätzlicher Wechsel des Betrachterstandpunktes ist die Folge. Bezieht man die Bedeutung der Hochgebirge für die Literatur des 19. Jahrhunderts ein – die letzte Weisheit, aber auch einsamen Tod brachten –, so ist der Wechsel eine Verweltlichung, der Weg in die Täler, in die irdischen Probleme. Statt des „höchsten Dasein(s)“, in dem die Sonne blendet, wendet sich der Blick in die Täler und „Tiefen“, die im „Dämmerschein“ liegen und in die sich „Nebelstreif“ ergossen hat. Faust hat nunmehr die Sonne im Rücken, einen „Wassersturz“ vor sich. Der Regenbogen wird zum Sinnbild dieser Stellung. Die Beschreibung des Regenbogens (V. 4715 ff.) führt zu der neuen Erkenntnis, die im Begriff des „Abglanzes“ deutlich wird. Der Begriff weist auf die Wendung Fausts zu irdischen Größen und bedeutet auch eine andere Akzentuierung der Wette: Es geht Faust nicht mehr um den erfüllten Augenblick in seiner letzten Vollendung, sondern um die Erfüllung des irdischen Lebens, beschränkt auf den Abglanz, nicht mehr auf das absolute Muster. Fausts Wendung zu den weltlichen Vorgängen, letztlich den ökonomisch-politischen Vorgängen, ist auch eine Bescheidung. Die Szene stellt so nicht nur formal, sondern auch inhaltlich den Prolog zu *Faust II* dar und konzentriert bei aller mythischen Überlagerung die Sicht auf das weltliche Geschehen.

Aufgabe 4 **

Beschreiben Sie, wie Goethe moderne Wirtschaftsstrukturen in *Faust II* einbezieht.

Mögliche Lösung in knapper Fassung:

BESCHREIBUNG

Die Julirevolution von 1830

Goethes *Faust II* entsteht zu großen Teilen im Umfeld der Julirevolution von 1830. Goethe, der die aktuellen Vorgänge und die Presse genau verfolgte, reagierte in seinem Werk auf die politischen und wirtschaftlichen Entwicklungen. Mit der Französischen Revolution von 1789 hatte der Zerfall der feudalen Strukturen begonnen und zunehmend bürgerlichen Entwicklungen Platz gemacht. Goethe hatte ihre Bedeutung erst im Umfeld der durch Napoleon eintretenden Veränderungen vollständig erkannt. Er, der ein leidenschaftlicher Verehrer Napoleons war, sah in ihm einen Politiker, der dem Staat und der Gesellschaft jene Züge zu geben versuchte, die er selbst seinem Fürsten immer als vernünftig vorgetragen hatte, vergeblich allerdings. Auch Fausts Versuche, den Kaiser zu beeinflussen und umzustimmen, erweisen sich als zwecklos: Der Kaiser will nicht das Wohl seines Reiches, sondern für sich höchstmögliche Unterhaltung, auch wenn sie die Mittel seines Haushalts sprengt. Im 1. Akt von *Faust II* führt Goethe uns ein Verwaltungssystem vor, in dem die Erwartungen nicht erfüllt wurden und das dadurch wirtschaftlich und finanziell ruiniert ist. Die Voraussetzung für eine neue Wirtschaftsordnung ist ein anderes Finanzsystem: Mephisto schafft es durch die Einführung des Papiergeldes. Aber nur wenige der Betroffenen reagieren im Sinne der neuen Bürgerlichkeit und werden damit den vorgegebenen Möglichkeiten gerecht. Die meisten Höflinge verprassen das neue Geld, nur der Narr will es in Besitz anlegen und erweist sich damit als der einzige Vernünftige. Besitz und Eigentum sind die entscheidenden Voraussetzungen für ein neues Gemeinwesen. Trotz Vorbehalten im Einzelnen erkennt Goethe die zukunftsweisende Bedeutung der bürgerlichen Entwicklung an, die er auch schon in seiner Frühzeit, damals noch unter spinozistischem Gesichtspunkt, angenommen hatte. Nun erweist sich die geschichtliche Entwicklung für Goethe als vernünftig, auch wenn einzelne Vorgänge kritikwürdig sind. Der Maskenzug (Mummenschanz) in der Szene *Weitläufiger Saal* ist dazu eine wichtige Station, denn hier beginnen Mephisto und in seinem Gefolge Faust, eine neue Welt zu entwickeln. Zuerst empfiehlt Mephisto dem Kaiser, die Reichtümer seines Landes durch Arbeit der Natur zu entreißen und dadurch den Wohlstand zu mehren. Die Bilder des Maskenzuges im 1. Akt bilden

Neue Wirtschaftsordnung

Der Maskenzug

dafür ein wichtiges Zeugnis; sie sind durchweg Hinweise auf Arbeit und Tätigkeit, die den Kaiser auf den richtigen Weg führen und die Grundlagen einer bürgerlichen Gesellschaft schaffen könnten. Mit dem Knaben Lenker und Faust in der Maske Plutus, des Gottes des Reichtums, wird statt feudalen Prunkes nun der Schatz des Geistes unter die Menschen gebracht, aber die Flämmchen (V. 5633) verlöschen, „traurig ausgebrannt". Die Hofgesellschaft ist für solche Neuorientierung nicht geeignet. Dabei hatte der Astrologe bereits das Konzept der neuen Gesellschaft deutlich entworfen; seine Rede war ihm von Mephistopheles eingeblasen worden (V. 4955 ff.). Plutus hatte die Konsequenz der Nichtbeachtung ökonomischer Regeln verkündet, ohne dass jemand bei Hofe sie verstanden hätte: „Gesetz ist mächtig, mächtiger ist die Not." (V. 5800)

Rede des Astrologen

Die Rede des Astrologen ist ein Muster für Demagogie: Die Hörer werden mehrfach angesprochen (euch, wir, uns). Jeder Satz, der gesagt wird, ist richtig, man denke an Venus als Inbegriff für schöne Frauen. Gleichzeitig erfolgt eine Umwertung: Es geht um Geldwert und Käuflichkeit. – Die Welt wird heiter, wenn Tag (Sonne) und Nacht (Mond), Gold und Silber sich verbinden und also die Gegensätze aufgehoben, dialektische Beziehungen hinfällig und Stillstand erreicht werden. Dafür ist alles zur Ware geworden („Paläste, Gärten, Brüstlein, rote Wangen"), die Götter sind auf materialistische Entsprechungen reduziert. Mit Mephisto zieht der Kapitalismus am Kaiserhof ein, er fungiert als „Einbläser des neuen Ökonomismus"[148]. Im weiteren Verlauf erfahren wir, dass Kaiser und Hof die Entwicklung nicht verstanden haben; das Reich ist weiter gefährdet, wird in einen Krieg gestürzt und bis kurz vor den Untergang geführt. Nochmals greifen Faust und Mephisto ein; sie erringen den Sieg, mit der Folge, dass die ursprünglichen feuda-

---

148 Schmidt, S. 222.

len Verhältnisse vom Kaiser restauriert werden. Er richtet die alten Machtverhältnisse wieder ein; nur Faust hat eine neue, aber sehr begrenzte Möglichkeit erhalten. Als Dank für seinen Sieg hat er Land bekommen, das er dem Meer abringen muss, aber dieses Land wird im Machtbereich der feudalen Kräfte liegen. Und dieses Land hat noch eine andere Last zu tragen: Obwohl es noch geschaffen werden muss, sind bereits die Steuern und Zehnten, wie sie aus alter Zeit in die neue Zeit reichen, festgelegt. Die Ähnlichkeit mit der Restauration nach dem Wiener Kongress von 1815 ist groß. Aber Faust regiert mit der Tatkraft des Unternehmers, die auf menschliche Bedürfnisse keine Rücksicht nimmt, sondern nur den Gewinn kennt, in seinem Land: Deshalb kann er sich über die feudalen Beschränkungen hinwegsetzen, aber auch Philemon und Baucis müssen sterben, sie stehen der Ausdehnung von Fausts Ansprüchen im Wege. Die Kolonisation des dem Meer abgerungenen Landes wird entschieden vorangetrieben; Faust hat die Utopie des freien Volkes auf freiem Grund. Was er aber nicht im Sinn hat, ist, über die Freiheit hinaus Gemeineigentum zu schaffen. Hier erweist er sich als konsequenter kapitalistischer Unternehmer, nicht mehr als feudaler Lehnsmann, aber auch noch nicht als Vorkämpfer des Gemeineigentums.

Landgewinnung

LITERATUR

Zitierte Ausgaben:

Goethe, Johann Wolfgang von: *Faust. Der Tragödie zweiter Teil.* Husum: Hamburger Lesehefte, 2010 (Hamburger Lesehefte, Bd. 170)

Goethe, Johann Wolfgang: *Faust. Der Tragödie zweiter Teil.* Stuttgart: Reclam, durchgesehene Ausgabe 2001 (RUB Nr. 2)

Weitere *Faust*-Ausgaben:

Goethe, Johann Wolfgang von: *Faust* (In: Ders.: Frankfurter Ausgabe, Abt. 1: Bd. 7,1: Text; Bd. 7,2: Kommentare). Hrsg. von Albrecht Schöne. Frankfurt am Main: Deutscher Klassiker Verlag, 1994, 4., überarbeitete Auflage, 1999 → Für Bibliotheken geeignete umfassende Ausgabe mit ausführlichen Sachkommentaren, die neue Erkenntnisse zu Fakten und Sprache bringen.

Goethe, Johann Wolfgang von: *Dramatische Dichtungen I* (*Werke*, Hamburger Ausgabe, Bd. 3). Textkritisch durchges. und kommentiert von Erich Trunz. München: C. H. Beck, 1972 und München: dtv, 1988 → Verlässliche Studienausgabe für weiterführende Arbeit.

Goethe, Johann Wolfgang von: *Faust. Der Tragödie erster und zweiter Teil* (Text-, Bild und Interpretationsdokumentation). Landestheater Eisenach 2010 → Eindrucksvolle Text- und Bilddokumentation der Inszenierung beider Teile in Eisenach und Meiningen.

Goethe, Johann Wolfgang von: *Faust. Der Tragödie erster und zweiter Teil*. Stuttgart: Reclam, 2000 (2 CD-ROMs, für Windows ab 3.1) → Vollständiger Text geschrieben und gesprochen, Wort- und Sacherläuterungen, Bildmaterial, Briefauszüge,

Literaturhinweise, Interpretationsansätze, Geschichte des Fauststoffes.

Goethe, Johann Wolfgang von: *Poetische Werke*, Bd. 8 (*Werke*, Berliner Ausgabe = BA), bearbeitet von Gotthard Erler, Berlin: Aufbau-Verlag, 1965; 4. Auflage 1990 → Gut erläutert und kommentiert, eignet sich für speziellere Arbeiten und leistet Pionierarbeit; nimmt Ergebnisse der Jahrbücher der Goethe-Gesellschaft auf. Nach dieser Ausgabe wird mit der Sigle BA 8 zitiert.

Goethe, Johann Wolfgang von: *Faust-Dichtungen*. Hrsg. von Ulrich Gaier. Stuttgart: Reclam, 1999, Bd. 1: Texte, Bd. 2 und 3: Kommentar I und II

Weitere Primärliteratur:

Bode, Wilhelm (Hrsg.): *Goethe in vertraulichen Briefen seiner Zeitgenossen*, Bd. 1–3. Berlin und Weimar: Aufbau-Verlag, 1979; München: C. H. Beck, 1982

Eckermann, Johann Peter: *Gespräche mit Goethe in den letzten Jahren seines Lebens 1823–1832*. Berlin: Aufbau-Verlag, 1962 → Nach dieser Ausgabe wird zitiert; eine von Otto Schönberger herausgegebene Neuausgabe ist bei Reclam (1994, RUB 2002) erschienen.

Goethe, Johann Wolfgang von: *Werke*. (Berliner Ausgabe = BA). 22 Bände. Verschiedene Herausgeber. Berlin: Aufbau-Verlag, 1960–1990. → Nach dieser Ausgabe wird mit der Sigle BA zitiert.

Gräf, Hans Gerhard (Hrsg.): *Goethe über seine Dichtungen*. 3 Teile in 9 Bänden. Frankfurt am Main 1901–14, Nachdruck Darmstadt, 1968

Nachschlagewerke und Handbücher:

Dahnke, Hans-Dietrich, Regine Otto, Bernd Witte u. a.: *Goethe-Handbuch*. Sechs Bände. Stuttgart, Weimar: Verlag J. B. Metzler, 1997

Götting, Franz (Hrsg.): *Chronik von Goethes Leben*. Leipzig: Insel, 1957

Lösch, Michael: *Who's who bei Goethe*. München: dtv, 1998

Wilpert, Gero von: *Goethe-Lexikon*. Stuttgart: Kröner Verlag, 1999

Lernhilfen und Kommentare für Schüler:

Bernhardt, Rüdiger: *Textanalyse und Interpretation zu Johann Wolfgang von Goethe. Faust I*. Hollfeld: C. Bange Verlag, 2011 (Königs Erläuterungen Band 21) → Zusammenhänge mit dem Teil II werden erörtert, Rezeptionsgeschichte und Materialien betreffen oft beide Teile und werden im vorliegenden Band nicht wiederholt.

Bernhardt, Rüdiger: *Erläuterungen zu Johann Wolfgang von Goethe. Faust II*. Hollfeld: C. Bange Verlag, 4., aktualisierte Auflage 2008 (Königs Erläuterungen und Materialien Band 43) → Vorläufer der vorliegenden Interpretation.

Friedrich, Theodor: *Goethes Faust erläutert*. Leipzig: Reclam, 1932

Friedrich, Theodor; Scheithauer, Lothar: *Kommentar zu Goethes ‚Faust'*. Stuttgart: Reclam 1980 (Universal-Bibliothek Nr. 7177-82) → Ergänzte und überarbeitete Neuausgabe der EA von 1932; bis heute ist das genaue und umfassende Erläuterungswerk ein Standardwerk für das Verständnis des *Faust* und für alle Publikumskreise geeignet.

Gaier, Ulrich: *Johann Wolfgang Goethe. Faust. Der Tragödie zweiter Teil. Erläuterungen und Dokumente*. Stuttgart: Reclam, 2004 (RUB Nr. 16022)

Kobligk, Helmut: *Goethe. Faust II*. Frankfurt: Verlag Moritz Diesterweg, 19. Aufl. 1997 → Grundlagen und Gedanken zum Verständnis des Dramas.

Lange, Victor: *Faust. Der Tragödie zweiter Teil*. In: Walter Hinderer (Hrsg.): Goethes Dramen. Stuttgart: Reclam (1992), 2010 (RUB Nr. 8417)

Schafarschik, Walter: *Johann Wolfgang Goethe. Faust II. Lektüreschlüssel für Schülerinnen und Schüler*. Stuttgart: Reclam, 2008 (RUB Nr. 15407) → Kurze Einführung, fehlende Aktualität in den Lektüretipps.

Sekundärliteratur:

Arens, Hans: *Kommentar zu Goethes Faust I und II*, 2 Bände, Heidelberg: Carl Winter, 1982 u. 1989

Bayerdörfer, Hans-Peter (Hrsg.): *Im Auftrieb. Grenzüberschreitungen mit Goethes Faust in Inszenierungen der neunziger Jahre (Theatron, Bd. 36)*. Tübingen: Max Niemeyer Verlag, 2001 → Der Band vereinigt Einzelanalysen zu Inszenierungen der 1990er Jahre. Darunter befinden sich Inszenierungen von Wolfgang Engel, Einar Schleef und Christoph Marthaler. Er enthält aber auch radikal kulturkritische Betrachtungen zur spezifisch europäischen Rezeption.

Bernhardt, Rüdiger: *Faust. Ein Mythos und seine Bearbeitungen*. Hollfeld: C. Bange Verlag, 2009 → Einführung in die verschiedenen Behandlungen des Faust-Stoffes; Informationen über den historischen Faust.

Boyle, Nicholas: *Goethe. Der Dichter in seiner Zeit, Bd. 1 (1749–1790); Bd. 2 (1790–1803)*. München: C. H. Beck Verlag, 1995–1999 → Die Biografie ist populär angelegt, packend geschrieben und wirkt streckenweise wie ein Roman. Für

Faust II ist sie durch die zeitliche Beschränkung nur bedingt verwendbar.

Buchwald, Reinhard: *Führer durch Goethes Faustdichtung. Erklärung des Werkes und Geschichte seiner Entstehung.* Stuttgart: Alfred Kröner Verlag, 8. Auflage 1983 (Kröners Taschenausgabe, Band 183)

Damm, Sigrid: *Goethes letzte Reise.* Frankfurt am Main und Leipzig: Insel Verlag, 2007 → Die Entstehung des *Faust* und der Zusammenhang mit Goethes geistiger Entwicklung wird im Kontext des letzten Lebensabschnitts verfolgt.

Devrient, Eduard: *Geschichte der deutschen Schauspielkunst.* In zwei Bänden neu herausgegeben von Rolf Kabel und Christoph Trilse. Berlin: Henschelverlag, 1967

Eibl, Karl: *Das monumentale Ich. Wege zu Goethes „Faust".* Frankfurt a. M. und Leipzig: Insel Verlag, 2000 (insel taschenbuch 2663)

Eissler, Kurt R.: *Goethe. Eine psychoanalytische Studie 1775–1786.* Hrsg. von Rüdiger Scholz, 2 Bände. München, dtv 1987 → Die auf einen kurzen Lebensabschnitt beschränkte Biografie gibt im Anhang Z, S. 1612–1646, Interpretationshinweise zu *Faust II.*

Emrich, Wilhelm: *Die Symbolik von Faust II.* Königstein/Ts.: Athenäum, 5. Aufl. 1981

Friedenthal, Richard: *Goethe. Sein Leben und seine Zeit.* München: R. Piper & Co Verlag, 1963

Geerdts, Hans-Jürgen: *Johann Wolfgang Goethe.* Leipzig: Philipp Reclam jun., 1972

Hamm, Heinz: *Goethes Faust. Werkgeschichte und Textanalyse.* Berlin: Volk und Wissen Verlag 1978, 6., völlig neu bearb. Aufl. 1997

Hamm, Heinz: *Julirevolution, Saint-Simonismus und Goethes abschließende Arbeiten am Faust*. In: Weimarer Beiträge, Heft 11/1982, S. 70–91

Hartmann, Horst: *Faustgestalt. Faustsage. Faustdichtung*. Berlin: Volk und Wissen Verlag, 1979

Höfer, Anja: *Johann Wolfgang von Goethe* (dtv portrait). München: dtv, 1999 → Eine kurze, übersichtliche und leicht verständliche Einführung in Leben und Werk, vor allem für Einsteiger und Jugendliche.

Jaeger, Michael (u. a.) (Hrsg.): *„Verweile doch" – Goethes Faust heute. Die Faust-Konferenz am Deutschen Theater und Michael Thalheimers Inszenierungen*. Blätter des Deutschen Theaters Nr. 3, 2006. Mit Hör-CD. Berlin: Henschel Verlag und Autoren, 2006 → Eine der wichtigsten Publikationen für ein neues Verständnis des *Faust I und II* unter dem Aspekt der Moderne und der Kapitalismuskritik. Namhafte Goethe-Forscher – Ulrich Gaier, Nicholas Boyle u. a. – nahmen an Konferenz und Publikation teil. Gespräche mit den wichtigsten Schauspielern der Thalheimer-Produktion geben Einblick in heutige Inszenierungskonzeptionen.

Keller, Werner (Hrsg.): *Aufsätze zu Goethes Faust II*. Darmstadt: Wissenschaftliche Buchgesellschaft, 1991 (Wege der Forschung Bd. 445) → Vereinigt wesentliche, teils schwer zugängliche Aufsätze von Rosenkranz (1847), Vischer (1861), Katharina Mommsen (1968), Schlaffer (1981), Heinz Hamm (1982), Metscher (1976/90) u. a. Besonders nützlich für Interessierte ist das einführende Vorwort von Werner Keller, S. IX–XXII.

Klingenberg, Anneliese: *Goethes Novelle und Faust II. Zur Problematik Goethescher Symbolik im Spätwerk*. In: Impulse. Aufsätze,

Quellen, Berichte zur deutschen Klassik und Romantik, Folge 10, Berlin und Weimar: Aufbau-Verlag, 1987, S. 75–124

Korff, Hermann August: *Geist der Goethezeit, II. Teil.* Leipzig: Koehler & Amelang, 1955, S. 370–398

Lukács, Georg: *Faust und Faustus*. Reinbek bei Hamburg: Rowohlt, 1967

Mahl, Bernd: *Goethes Faust auf der Bühne*. Fragment – Ideologiestück – Spieltext. Stuttgart: J. B. Metzler Verlag, 1999 → Die Dokumentation zur Wirkungsgeschichte ist ein Standardwerk über *Faust*-Inszenierungen, in dem die Schwierigkeiten im Umgang mit dem Text ebenso deutlich werden wie die Legende gewordenen, genial-fatalen Selbstdarstellungen eines Gustaf Gründgens u. a.

Mayer, Hans: *Goethe*. Hrsg. von Inge Jens. Frankfurt am Main: Suhrkamp Verlag, 1999

Metscher, Thomas: *Faust und die Ökonomie. Ein literaturhistorischer Essay.* In: Vom Faustus bis Karl Valentin. Der Bürger in Geschichte und Literatur. Das Argument, Sonderband Nr. 3, Berlin, 1976, S. 28–155 → Umstrittene, aber anregende Deutung des *Faust* als einer Auseinandersetzung zwischen dem Kapitalisten Faust und den Lemuren als materielle Produzenten u. a.

Michel, Christoph (Hrsg.): *Goethe. Sein Leben in Bildern und Texten*. Vorwort von Peter Goldammer. Frankfurt am Main: Insel Verlag, und Berlin und Weimar: Aufbau-Verlag, 1982 → Hervorragende Dokumentation mit zahlreichem Bild- und Dokumentenmaterial.

Schlaffer, Heinz: *Faust Zweiter Teil*. Die Allegorie des 19. Jahrhunderts. Stuttgart: Metzler, 1981, 2. Auflage, 1998 → Anregender, wenn auch umstrittener Versuch, die Allegorie als ästhetische Umsetzung der modernen Entfremdungserfahrungen zu erfassen und dafür die zeitliche Nähe von *Faust II* und Marx' *Das Kapital* zu benutzen.

Schmidt, Jochen: *Goethes Faust. Erster und Zweiter Teil. Grundlagen – Werk – Wirkung.* München: Verlag C. H. Beck, 1999
→ Sehr gute und übersichtliche Darstellung der entscheidenden Probleme von der Entstehung über die Deutung bis zur Wirkung.

Scholz, Gerhard: *Faust-Gespräche.* Mitarbeit Ursula Püschel. Leipzig: Verlag Philipp Reclam jun., 1983

Schöne, Albrecht: *Johann Wolfgang Goethe, Faust.* Kommentare, Bd. 7/2 der Frankfurter Ausgabe (Johann Wolfgang Goethe, I. Abteilung: Sämtliche Werke). Frankfurt am Main: Deutscher Klassiker Verlag, 1985–1999, Bd. 7/2: 1994; Frankfurt am Main: Insel Verlag, 2003 (5., überarbeitete und aktualisierte Auflage)
→ Gilt als gründlichster, sachlichster, alles erklärender und anregender Kommentar zum *Faust* und Kompendium zur Kulturgeschichte.

STICHWORTVERZEICHNIS